Eugène Atget

Itinéraires parisiens

TOBIAS
New York City, 2000

Eugène Atget

David Harris

Itinéraires parisiens

Musée Carnavalet-Histoire de Paris

14 octobre 1999
16 janvier 2000

PARIS musées

éditions
du patrimoine ◈

Comité d'honneur

Jean Tiberi
maire de Paris

Hélène Macé de Lépinay
adjoint au maire chargé des Affaires culturelles

Edouard de Ribes
président de Paris-Musées

Comité d'organisation

Jean Gautier
directeur des Affaires culturelles de la Ville de Paris

Jean-Marc Léri
directeur du musée Carnavalet

Aimée Fontaine
directeur de Paris-Musées

Commissariat de l'exposition

David Harris
commissaire invité

Françoise Reynaud
conservateur en chef du département
Collections photographiques du musée Carnavalet

Exposition présentée à Paris du 14 octobre 1999 au 16 janvier 2000
et au Museum of the City of New York de novembre 2000 à février 2001.

Je suis particulièrement heureux que le musée Carnavalet rende hommage au plus célèbre photographe du vieux Paris, Eugène Atget.

Signe des temps, Atget se mit à photographier la capitale vers 1897-1898, à l'époque même où se créait la Commission du Vieux-Paris, où les pouvoirs publics commençaient à prendre conscience de la valeur inestimable du patrimoine urbain. Avec une grande sensibilité artistique et un sens aigu du réalisme, il sut porter sur la cité un nouveau regard, capter les détails révélateurs que l'habitude, l'ignorance et l'oubli contribuent trop souvent à effacer. C'est ainsi qu'il composa de remarquables séries – « Paris pittoresque », « L'art dans le vieux Paris » –, ou encore « Topographie du vieux Paris ».

Bon nombre des vues réalisées furent achetées par des institutions publiques, à commencer par le musée Carnavalet, convaincues de l'intérêt inappréciable de ces témoins d'une époque vouée au changement.

Architectures, boutiques et bistrots, balcons, grilles, heurtoirs et enseignes, petits métiers, chiffonniers... Rien n'aura échappé à la vigilance du « piéton de Paris » pliant sous le poids de son matériel, de la chambre à soufflet, des châssis chargés de plaques de verre, sans oublier le voile noir, la trousse à objectifs et le volumineux pied de bois.

Penchés aujourd'hui sur cet extraordinaire inventaire, nous voyons resurgir la forme, la substance d'un Paris évanoui : rues désertes, devantures aux volets clos, façades silencieuses trouées de ténèbres et d'attente, intérieurs muets et cependant pleins d'aveux.

Dans cet univers figé comme sous l'effet d'un charme, les objets ou les êtres qu'Atget saisit sont investis d'une présence, chargés d'une intensité qui fascina les surréalistes, Man Ray le premier.

Atget a fixé et conservé un visage unique de Paris, auquel les Parisiens et tous ceux qui aiment Paris à l'étranger restent très attachés, comme en témoigne l'accueil que le Museum of the City of New York fera à cette exposition durant l'hiver 2000.

Jean Tiberi
Maire de Paris

Eugène Atget et Berenice Abbott

Comment ne pas présenter au musée Carnavalet « Eugène Atget : itinéraires parisiens », thème proposé par David Harris, grand spécialiste de la photographie d'architecture, alors qu'arrive du Museum of the City of New York une magnifique exposition sur Berenice Abbott : « Changing New York, une ville en mouvement, 1935-1939 » ? Il importait en effet de montrer en même temps les œuvres de celui dont la photographe américaine s'était inspirée et que le musée possède en quantité considérable.

Enfin pouvait être exposée, dans le plus parisien des musées et grâce à une étroite collaboration, la démarche de deux photographes qui s'étaient connus à Paris dans les années 1920 et dont les noms resteront à jamais liés. De fait, après la mort d'Eugène Atget en 1927, Berenice Abbott passera une partie de sa vie à faire connaître l'œuvre de son aîné en Europe et en Amérique.

Deux données importantes ont suscité l'idée d'une analyse qui élucideraient la méthode d'Eugène Atget : d'une part la présence de milliers de tirages du photographe au musée Carnavalet, d'autre part la possibilité de travailler avec ses négatifs conservés aux Archives photographiques de la direction du Patrimoine et accessibles grâce à la Photothèque de la Caisse nationale des monuments historiques et des sites. Pour tenter une reconstitution de son parcours ou de ses journées, les collections du musée, dont le classement est thématique et géographique, facilitaient grandement une observation systématique.

Aider David Harris à sélectionner les sites les plus intéressants, puis le voir se déplacer dans la capitale, dans les rues et les cours, sur les quais et les ponts et l'accompagner jusque sur les toits de l'église Saint-Séverin pour aller comparer les photographies d'Atget avec le paysage actuel fut extraordinairement instructif. De plus, des prises de vue opérées avec une chambre photographique de format 20 x 25 avec Jürgen Nefzger ont permis d'imaginer Atget chargé de son lourd équipement et d'admirer sa créativité, l'originalité de son regard et de réaliser les contraintes de la prise de vue. Concrétiser la réalité de la tâche d'Atget et l'ampleur de son travail restait encore, malgré un grand nombre d'expositions et de publications déjà réalisées sur ce photographe, une démonstration à faire.

C'est donc un immense plaisir d'accueillir ici et dans les salles du musée le résultat du travail et des recherches menés assidûment par David Harris.

Jean-Marc Léri et Françoise Reynaud

Remerciements

Au musée Carnavalet,
je remercie le directeur,
Jean-Marc Léri, qui a apporté son
soutien au projet ; Françoise Reynaud,
qui a généreusement partagé sa
connaissance intime de la collection
Atget et qui, à travers de nombreuses
conversations, a immensément
contribué au développement
de mes idées ; Christiane Dole,
qui a patiemment suivi toute
l'élaboration du catalogue ;
Danielle Chadych et Catherine
Tambrun, pour leurs conseils
et leur aide ; et les stagiaires
qui ont fait un travail remarquable
et participé aux recherches : Carol
Bergami, Christophe Bouquet, Fannie
Escoulen et Valérie-Anne Lemeure.
A la Caisse nationale des monuments
historiques et des sites, Pascal
Gauthier m'a aimablement donné
accès à la précieuse base de données
sur Atget qu'il développe depuis
plusieurs années. Je remercie
également Liza Daum à la
Bibliothèque historique de la Ville
de Paris, ainsi que Sylvie Aubenas et
Catherine Fournier à la Bibliothèque
nationale de France, d'avoir facilité
mes recherches.
Les photographes Jürgen Nefzger,
Mark Ruwedel, Bob Thall, Geoffrey
James, et surtout Robert Burley,
m'ont aidé à mieux comprendre
les problèmes qu'affrontait Atget en
photographiant Paris. Rod Siemmons
m'a aidé à affiner mes idées premières.

J'aimerais aussi remercier
Elisabeth Reynaud, Alain et
Françoise Paviot et Martine d'Arc
pour leur gentillesse lors de mon
séjour à Paris.
Enfin, ici comme pour tous mes
travaux, je suis reconnaissant
à Linda Eerme, et je lui offre
cet ouvrage pour la remercier
de son affection et de ses fidèles
encouragements au fil des ans.

David Harris

Le musée Carnavalet remercie les institutions et les personnes suivantes, pour leur aimable collaboration au succès de cette exposition et de cette publication :

les prêteurs de l'exposition : Mesdames et Messieurs les collectionneurs particuliers, la Bibliothèque historique de la Ville de Paris, la Bibliothèque nationale de France, le Musée français de la photographie à Bièvres, le service des archives photographiques de la Médiathèque de l'architecture et du patrimoine.

Les personnes qui ont aidé à la préparation et à la réalisation de l'exposition : Jean-Daniel Pariset, conservateur général du Patrimoine, chef de la Médiathèque de l'architecture et du patrimoine, Jacques Garreau, chef du service des archives photographiques de la Médiathèque de l'architecture et du patrimoine, et Bruno Plouidy, photographe,

Pascal Gauthier, documentaliste à la Photothèque de la Caisse nationale des monuments historiques et des sites,

le père Jérôme Beau, abbé de l'église Saint-Séverin, Yves Lebrec, à l'Institut catholique,

le capitaine Ortiz, à l'Ecole militaire, Bruno Ravail, chef du Bureau des Affaires culturelles et historiques, et toutes les personnes qui nous ont réservé un accueil sympathique lors des visites des lieux où Eugène Atget avait photographié,

Bernard Wauthier-Wurmser Jean-Luc Daureil, architectes.

Les personnes qui ont bien voulu apporter leur précieux concours à cette publication : Nicole Pot, directeur adjoint de la Caisse nationale des monuments historiques et des sites, Dominique Carré, responsable des Editions du patrimoine, Christine Richet, responsable adjointe des Editions du patrimoine.

Ainsi que : Luce-Marie Albigès, Sylvie Aubenas, Xavier Barral, Nathalie Barriat, Alice Barzilay, Carol Bergami, Marcelo Borja, Sophie Boulé, Jeanne Bouniort, Christophe Bouquet, Eric Bourgougnon, Liza Daum, Sylviane de Decker, Fannie Escoulen, Catherine Fournier, Claude Gentiletti, Jean-François Heully, Valérie-Anne Lemeure, Douglas Levere, Myriam Lunn, Karin Maucotel, Jürgen Nefzger, Françoise et Alain Paviot, Elisabeth Reynaud, Yashka Steiner, Catherine Tambrun, Wilfried Wiegand,

Paris Musées : Pascale Brun d'Arre, Denis Caget, Sophie Kuntz, Virginie Perreau, Arnauld Pontier, Nathalie Radeuil et leurs équipes,

le Centre de restauration et de conservation des photographies de la Ville de Paris : Anne Cartier-Bresson, Ragounathe Coridon, Fabienne Deroux, Stéphanie Foubert, Daniel Lifermann, Pierre-Emmanuel Nyeborg, Jocelyne Royan, Sandra Saïd,

la Photothèque des musées de la Ville de Paris : Liliane Gondel, Bruno Pouchin et les photographes,

les Ateliers des musées de la Ville de Paris à Ivry, Jean-Philippe Méglio, ouvrier encadreur au musée Carnavalet, tout le personnel technique, administratif et de sécurité du musée Carnavalet,

et pour finir, celle qui, avec une gentillesse et une disponibilité constantes, n'a cessé d'œuvrer au musée Carnavalet pour la réussite de cette entreprise dans ses plus infimes détails : Christiane Dole.

ill. 7 **Berenice Abbott, portrait d'Eugène Atget,** Paris, 1927

Sommaire

Eugène Atget à l'œuvre

ill. 1 **Ecuries de l'hôtel de Croy,**
6, rue du Regard, VIe, 1902

Dans le premier quart du XXe siècle, nombre de Parisiens ont dû croiser Eugène Atget au détour d'une rue. En effet, le photographe a pris près de cinq mille clichés dans la capitale entre 1898 et les quelques mois précédant sa mort en 1927. Aussi devait-on le voir souvent transporter son matériel, en général vers le milieu de la journée, installer son appareil et réaliser des séries de vues dans les rues et sur les boulevards, dans les jardins publics, les intérieurs d'églises et les cours des anciens hôtels particuliers.

Aucun contemporain d'Atget n'a décrit ses méthodes de travail, et le peu de correspondance conservée ne contient que quelques allusions rapides à ses motivations et préoccupations de photographe. Cependant, les œuvres elles-mêmes recèlent des traces de sa présence dans la ville. Du fait des longs temps de pose, les passants se réduisent à de vagues silhouettes floues (ill. 30-34 et cat. 4.7), mais un ou deux *p. 28, 46-47, 74* curieux s'arrêtent parfois pour observer le photographe au travail : des boutiquiers se postent sur le trottoir devant leur étalage (cat. 3.15, 6.1 et 7.7), des voisins s'at- *p. 69, 101, 112* tardent sur le seuil de leur immeuble (ill. 11 et cat. 2.1), des cyclistes et des écoliers *p. 31, 59* s'interrompent dans leur élan (cat. 7.15 et 4.10). Les deux hommes qui se tiennent à *p. 116, 77* distance respectueuse, sur la gauche de l'image des écuries de l'hôtel de Croy (ill. 1), en pensant rester en dehors du champ de l'appareil, semblent bien avoir engagé une conversation avec Atget. On aimerait savoir si le photographe leur expliquait pourquoi il prenait des vues de telle ou telle architecture en particulier.

En règle générale, Atget cadre ses photographies de manière à éliminer son reflet. De temps à autre, pourtant, il ne peut éviter de capter l'image de sa chambre photographique, ni celle de sa silhouette tout entière. Les miroirs qui, étrangement, remplacent le rideau de deux des cheminées du salon de l'hôtel Matignon, au 57 rue de Varenne, dans un somptueux décor du XVIIIe siècle, renvoient l'image de la chambre à soufflet recouverte d'une étoffe noire[1]. Les vitres de divers bistrots et cabarets réverbèrent aussi une vision fugace du matériel du photographe et de son visage indistinct[2]. Toutefois, le portrait d'Atget se dessine assez clairement sur la partie centrale de la vitrine du 21, rue du Faubourg-Saint-Honoré, photographiée en 1902 (ill. 2). L'homme à la mise soignée, en veston et cravate, coiffé d'un

ill. 2 **Boutique Empire, 21, rue du Faubourg-Saint-Honoré, VIIIe, 1902**

ill. 3 **Escalier de l'hôtel Sully-Charost,
11, rue du Cherche-Midi, VIe, 1904-1905**

chapeau pour se protéger du soleil éblouissant de la mi-journée, nous apparaît de profil, son sac d'accessoires à ses pieds. Il attend patiemment au bord du trottoir, la main gauche posée sur l'arrière de son appareil, peut-être pour mieux l'immobiliser. Il tient le bouchon de l'objectif dans la main droite.

Cette image, mieux qu'aucune autre, résume la pratique quotidienne du photographe, surpris ici sur le vif pendant l'exposition de la plaque. Sa composition nous permet de voir en même temps le sujet, en l'occurrence la vitrine d'un magasin du début du XIXe siècle, et les conditions de la prise de vue. Nous sommes invités à assister à sa réalisation mais aussi, sur un plan plus général, à entrevoir la démarche adoptée par Atget dans son métier de photographe des sites et monuments parisiens.

Si une image peut dévoiler à elle seule certains aspects de la méthode d'Atget, il faut en revanche examiner des ensembles de vues successives pour commencer à pénétrer son cheminement créatif et les rouages de sa pensée. Ainsi, pour prendre deux images consécutives de l'escalier de l'hôtel de Sully-Charost en 1904-1905 (ill. 3 et 4) [3], Atget a choisi un point de vue où il profite pleinement de l'éclairage fourni par une fenêtre invisible. Il a d'abord installé son appareil sur le palier, de façon à avoir une vue légèrement plongeante sur la rampe en fer forgé. Le cadrage utilise sa ligne sinueuse pour structurer l'espace de la cage d'escalier et pour suggérer, avec l'applique incurvée sur le mur du fond, le mouvement ascendant de la volée de marches. Pour la seconde photographie, Atget a poussé son appareil sur le palier, d'à peine cinquante centimètres peut-être, et l'a légèrement baissé, de sorte que la rampe se détache sur un fond sombre tandis que la lumière souligne le relief des motifs décoratifs.

Les réglages apparemment mineurs opérés entre les deux photographies successives modifient le sujet de l'image, et par là même le propos qu'elle sert. Si la première s'attache à transcrire la configuration intérieure de l'édifice, la seconde sacrifie le rendu des volumes architecturaux au profit des informations sur les ferronneries d'art. Chaque fois, Atget s'adresse à un public d'architectes, d'historiens, d'archéologues et d'amateurs susceptibles de s'intéresser à ce bâtiment en particulier et aux escaliers du XVIIIe siècle en général, mais le deuxième cliché est plus spécialement destiné à servir de modèle à des architectes ou à des artisans. Ces photographies révèlent chez Atget le commerçant avisé qui s'efforce de répondre aux différents besoins de ses clients.

Par une journée nuageuse de 1914, Atget réalise deux photographies dans le jardin de l'ancien couvent des Carmes Déchaux (actuel Institut catholique de Paris, ill. 5 et 6) [4]. Contrairement aux vues de l'escalier de l'hôtel de Sully-Charost, ces *p. 18-19* deux images s'avèrent impossibles à reclasser dans un ordre chronologique. On

ill. 4 **Rampe de l'escalier de l'hôtel Sully-Charost, 11, rue du Cherche-Midi, VIᵉ, 1904-1905**

ill. 5 **Jardin de l'ancien couvent des Carmes Déchaux (actuel Institut catholique de Paris), 70, rue de Vaugirard, VIᵉ, 1914**

peut tout de même supposer que le cliché horizontal, plus descriptif, a précédé la version verticale, plus poétique. Alors qu'un mètre de distance à peine sépare les deux points de vue, Atget a réussi à transformer les relations visuelles entre les trois composantes principales : le bassin rond et ses bancs de pierre au premier plan, la masse des arbres et arbustes au deuxième plan, et le clocher de Saint-Joseph-des-Carmes à l'arrière-plan. La vue horizontale montre le jardin partagé en deux par l'allée centrale qui conduit au couvent, entraperçu derrière le portail dans le fond. Sur la vue verticale, le rapprochement visuel entre le bassin et le clocher exhale l'atmosphère tranquille, un rien mélancolique, du lieu. Atget a conservé les deux clichés alors qu'il aurait pu se contenter d'un seul pour ses besoins purement documentaires, tout simplement parce qu'il les trouvait réussis. A examiner ces deux œuvres, on comprend que, pour lui, la prise de vue photographique pouvait donner des résultats imprévus, voire inespérés.

Atget a laissé si peu d'indications sur ses préoccupations de photographe que nous devons nous en tenir presque exclusivement aux renseignements donnés par les œuvres elles-mêmes. Quand on observe les différences entre des vues prises l'une après l'autre, on suit les mouvements rapides de sa pensée, qui opère des choix sur la façon de circonscrire le sujet, évalue les effets ultimes d'un léger réajustement de la distance, de l'angle, du cadrage ou de l'orientation de l'objectif. Si l'on accepte l'idée que les photographies d'Atget reflètent un mode de pensée personnel, mais aussi un mélange de considérations commerciales et esthétiques, on parvient à une vision de son œuvre qui tranche complètement avec l'habituelle interprétation nostalgique-romantique. Le photographe dont la silhouette se reflète fugitivement dans les vitres des bistrots et les vitrines des magasins devient un personnage moins énigmatique, plus facile à cerner.

1. Les vues du salon de l'hôtel Matignon sont reproduites dans John Szarkowski et Maria Morris Hambourg, *The Work of Atget*, t. II : *The Art of Old Paris*, New York, The Museum of Modern Art, 1982, pl. 34 et ill. 30.
2. Voir Szarkowski et Hambourg, *op. cit.*, pl. 58 et 63-65.
3. Atget a pris deux autres vues de l'escalier le même jour. Ce sont les clichés 4957 et 4959 de la série « L'art dans le vieux Paris ».

4. Atget avait déjà photographié le couvent en 1900 (clichés 3906 à 3909 de la série « L'art dans le vieux Paris »). En 1914, il a pris onze vues de l'édifice : ce sont les clichés 1586 à 1596 de la série « Topographie du vieux Paris ».

ill. 6 **Jardin de l'ancien couvent des Carmes Déchaux (actuel Institut catholique de Paris), 70, rue de Vaugirard, VIe, 1914**

Un photographe au quotidien

Quand la jeune photographe américaine Berenice Abbott rachète, à la fin du mois de juin 1928, la masse considérable de tirages, de plaques et d'albums restée dans l'atelier après la mort d'Atget [1], elle connaît très peu de détails sur sa vie et son œuvre. Elle interroge donc l'exécuteur testamentaire André Calmettes. Ce dernier lui adresse une courte mais vibrante notice biographique qui marie l'anecdote touchante au résumé de la carrière entière. Le texte de Calmettes esquisse en petites touches une personnalité singulière doublée d'un tempérament fier. Au dire de Calmettes, Atget s'était donné pour tâche de «créer une collection de tout ce qui, dans Paris et ses environs, était artistique et pittoresque [2]». Pour mener à bien cette vaste entreprise, «tous les matins, levé avec le jour, il allait partout, entrait partout (…). Paris et ses monuments, ses vieilles églises, ses misères et ses trésors, étaient photographiés par Atget, saisis avec le goût le plus sûr et une audace artistique vraiment extraordinaires». Une volonté intraitable guidait les conceptions esthétiques d'Atget, ainsi que son mode d'existence frugal: «(…) en art, en hygiène, il était absolu. Il avait des idées personnelles sur tout, et qu'il imposait avec une violence inouïe. Cette intransigeance de goût, de vision, de procédés, il l'avait appliquée à l'art photographique et il en advint des merveilles. L'angle sous lequel son génie lui imposait de saisir ce qui s'offrait à sa vue lui fit fixer des clichés vraiment admirables».

Cette lettre de Calmettes devait servir de point de départ pour les analyses ultérieures de l'œuvre d'Atget. Son auteur s'appuie sur une amitié longue et intime, nouée sur les bancs du Conservatoire national de musique et de déclamation. Il évoque le projet d'Atget en des termes à peu près identiques à ceux que le photographe lui-même employait dans ses lettres à Paul Léon, directeur des Beaux-Arts, en novembre 1920 (nous y reviendrons). De la fin des années 1920 aux années 1960, Berenice Abbott contribue largement à faire connaître l'œuvre d'Atget. Elle publie des articles et des livres, accorde des prêts à des expositions organisées par elle ou par d'autres, exécute des tirages d'après les négatifs [3]. Depuis la fin des années 1950, des chercheurs vérifient systématiquement les indications biographiques données par Calmettes, établissent une chronologie fiable et élucident bien des points obscurs concernant les activités du photographe [4]. A ces informations s'ajoutent désormais les documents touchant aux relations professionnelles d'Atget avec diverses institutions publiques qu'il comptait dans sa clientèle, et les témoignages de plusieurs personnes qui l'ont connu vers la fin de sa vie[5]. Certaines affirmations de Calmettes ne sont toujours pas confirmées, par exemple quand il dit que le jeune Atget s'était embarqué comme marin. D'autres semblent se rapporter uniquement aux dernières années de la carrière du photographe, notamment quand il parle de sa prédilection pour les premières heures de la matinée. Malgré tout, l'interprétation des œuvres d'Atget continue de se fonder essentiellement sur la vision que donne Calmettes d'un personnage obstiné, indépendant, doctrinaire, passionnément appliqué à dresser l'inventaire photographique du Paris prérévolutionnaire.

Grâce à toutes les recherches méticuleuses menées depuis lors, on commence à mieux connaître la vie et la carrière du photographe[6]. Jean-Eugène Atget est né le 12 février 1857 à Libourne. Il a probablement fait quelques études, et peut-être navigué un certain temps avec l'équipage d'un bateau. En 1878, il habite à Paris, où il va accomplir son service militaire au cours des quatre années suivantes, tout en recevant pendant un an une formation de comédien au Conservatoire national de musique et de déclamation. De 1882 à 1892, Atget court le cachet, suivant de petites troupes de théâtre dans leurs tournées en province ou dans la banlieue. Quand il quitte finalement les planches pour s'établir comme photographe, il a un peu plus de trente ans. Dès 1892, il fournit à quelques peintres académiques parisiens des documents photographiques pour leurs esquisses préparatoires. Atget développera ce marché jusqu'à la fin de ses jours, en l'élargissant à toutes sortes d'artistes, y compris des illustrateurs de livres et des peintres d'avant-garde[7]. Cependant, vers 1897, il commence à se spécialiser dans les vues d'architectures anciennes et de rues pittoresques des quartiers historiques de la capitale.

A cette époque, la polémique autour des rénovations haussmanniennes resurgit. Ainsi est relancé le débat sur la préservation de l'intégrité architecturale et de l'authenticité du vieux Paris, qui prend sa source dans la sensibilité romantique et historiciste. Depuis 1853 environ, on rase systématiquement les quartiers surpeuplés et souvent insalubres pour édifier un maillage de grands boulevards ponctués de monuments historiques et de parcs municipaux placés à des endroits stratégiques, le tout desservi par des systèmes efficaces de transport, d'égouts et de ramassage des ordures. La disparition de la ville ancienne réveille la nostalgie du passé et le désir de sauvegarder ce qui n'est pas encore détruit[8]. Avec la création de la Commission du Vieux-Paris en 1898, la fondation de plusieurs associations à vocation plus ponctuelle et la nomination d'historiens aussi éminents que Georges Cain au musée Carnavalet en 1898 et Marcel Poëte à la Bibliothèque historique de la Ville de Paris en 1903, Atget se constitue un noyau de clientèle institutionnelle qui va lui permettre de tisser un réseau d'acheteurs privés. S'il n'a jamais travaillé directement pour la Commission, on voit bien qu'il a eu accès à des informations très précises sur des bâtiments ou des îlots menacés de destruction, sans doute grâce à ses liens d'amitié avec l'auteur dramatique Victorien Sardou et avec le peintre Edouard Detaille, qui occupaient tous deux des postes importants au sein de cet organisme administratif[9].

Atget comprend très vite la nécessité d'organiser son travail par thèmes et catégories. Dès le mois de mai 1898, il répartit ses photographies du vieux Paris en deux grandes séries numérotées séparément[10]. La première s'intitule «L'art dans le vieux Paris». D'abord consacrée aux monuments célèbres et aux scènes de rues pittoresques, elle se recentre, après 1900, sur l'architecture ecclésiastique, résidentielle et, accessoirement, institutionnelle, dans un périmètre compris entre les Ier et VIIe arrondissements. Atget réalise des reportages très détaillés sur ces bâtiments, le plus souvent en les isolant de leur contexte. Pour les hôtels particuliers, la documentation qu'il constitue traite essentiellement des éléments significatifs en termes d'architecture et d'histoire : façades, portes cochères, cours, vestibules, escaliers et salles de réception. Ainsi traduit-il de manière cohérente et complète la structure des espaces et leur décoration. Dans les églises, il s'intéresse aux volumes intérieurs, mais aussi aux ensembles sculptés, aux stalles, aux grilles et autres ferronneries[11]. La deuxième série regroupe dans un premier temps les clichés des petits métiers de la capitale sous le titre «Paris pittoresque». Atget la laisse de côté en 1900, comme si elle était achevée. Il la reprend entre 1910 et 1915, puis à nouveau après 1920, en traitant cette fois de sujets moins strictement urbains tels que les quais de la Seine ou la «zone militaire» des fortifications, à la périphérie. La série «Paris pittoresque» recouvre également certains aspects de la vie urbaine qui n'entrent pas dans les autres catégories, comme les véhicules tirés par des chevaux, les kiosques, les échoppes, les devantures, les cirques et les attractions foraines[12]. A ces deux séries Atget ajoute une troisième en 1906, «Topographie du vieux Paris». L'initiative est venue de Marcel Poëte : le conservateur de la Bibliothèque historique de la Ville de Paris lui a commandé un reportage détaillé dans le cœur historique de la capitale, qui va réactualiser l'enquête photographique systématique menée par Charles Marville entre 1865 et 1868, puis en 1877[13]. A partir de 1906, Atget photographie méthodiquement les rues, les passages et les places publiques dans les sept premiers arrondissements de Paris. Après une interruption en 1912, il reprend son travail et le poursuit jusqu'en 1915, mais de manière beaucoup moins exhaustive : il se concentre désormais sur des rues bien précises au lieu de parcourir des quartiers entiers, et suit la progression des chantiers de démolition, surtout sur la rive gauche[14]. Les trois séries parisiennes se distinguent par leurs thèmes, tout en recouvrant la même aire géographique.

Jusqu'en 1914, l'activité professionnelle d'Atget au cours de l'année se partage en plusieurs phases qui se chevauchent plus ou moins au fil des mois. Selon toute apparence, il accomplit généralement ses campagnes de prises de vue entre mars et octobre, sans hésiter à travailler sur plusieurs sujets à la fois [15]. Il développe ses plaques négatives par petites quantités peu après les avoir exposées, peut-être le jour même, et les numérote les unes à la suite des autres à l'intérieur de chaque série. Tout semble indiquer qu'Atget réalise des épreuves à longueur d'année, avec une pointe durant la saison estivale, qui offre les meilleures conditions pour les tirages par contact, mais sans s'arrêter pour autant en hiver [16]. Vers la fin de l'automne, il commence la tournée des institutions pour proposer ses clichés de l'année. La majorité de ces ventes se conclue entre janvier et juin, encore que le musée Carnavalet et la Bibliothèque historique de la Ville de Paris échelonnent leurs acquisitions sur l'année entière [17].

Etant donné que son petit commerce indépendant repose sur la capacité d'anticiper la demande de ses clients, Atget met rapidement au point une méthode de classement qui lui permet d'isoler aisément au sein de chaque série des ensembles d'images susceptibles de présenter un intérêt pour tel ou tel client en fonction de son champ d'activité. Pour commencer, il crée des albums de référence qu'il remplit au fur et à mesure. Chaque album correspond aux différentes séries et sous-séries, et Atget archive systématiquement une épreuve (ou plusieurs) de chaque plaque, en indiquant sur la page de l'album le titre, le numéro du négatif et, le cas échéant, la date. Si les clients sont tous des amateurs du vieux Paris, ils n'en ont pas moins des besoins très divers qui déterminent leurs achats de photographies et l'utilisation qu'ils en feront. Avant ses rendez-vous, Atget sélectionne un ensemble d'images dans ses albums de référence afin de les présenter dans un autre album, spécialement confectionné à cet effet. Soit il invitera son interlocuteur à choisir les vues une par une, soit il lui proposera l'album entier [18]. Les épreuves positives peuvent être livrées non montées ou collées sur des cartons, selon les désirs du client. A partir de 1910, Atget vend également des albums tout prêts, brochés ou reliés, conçus pour être gardés intacts [19]. Cette nouvelle stratégie commerciale, inaugurée en 1904 avec la vente d'un album consacré à l'église Saint-Gervais-Saint-Protais au musée Carnavalet, se confirme dans les relations avec la Bibliothèque nationale, qui achète six albums reliés entre 1911 et 1915 [20].

Le rythme de travail annuel d'Atget reste à peu près immuable jusqu'en 1914. Ses premières ventes à des institutions, en 1898, concernent cent soixante-quinze épreuves au total, réparties entre le musée de Sculpture comparée du Trocadéro et le musée Carnavalet. Trois ans après, en 1901, ayant réalisé entre-temps environ huit cents clichés du vieux Paris et six cent soixante-cinq vues prises en dehors de la capitale, il vend plus de mille huit cents épreuves au musée de Sculpture comparée, au musée Carnavalet, à la Bibliothèque historique de la Ville de Paris, à la Bibliothèque nationale, à l'Ecole des beaux-arts et au musée des Arts décoratifs. Entre 1898 et 1914, ses ventes aux musées et bibliothèques dépassent le nombre de quinze mille[21]. Quant aux achats des particuliers, s'ils sont plus difficiles à reconstituer précisément[22], on peut tout de même les chiffrer à plusieurs milliers durant la même période. Atget procure aux architectes, aux décorateurs et aux artisans des photographies qui leur servent de modèles pour une imitation scrupuleuse des styles historiques dans la création d'ensembles architecturaux et d'éléments décoratifs tels que les rampes en fer forgé ou les lambris. Aux peintres, graveurs, illustrateurs et décorateurs de théâtre, il fournit des sources d'information et d'inspiration. Enfin, archéologues, historiens et connaisseurs trouvent chez lui des documents indispensables[23].

La Première Guerre mondiale provoque une chute brutale des achats effectués par les institutions. En 1915, Atget vend seulement deux albums à la Bibliothèque nationale, puis plus rien à aucune collection publique jusqu'en 1919. Il ralentit son activité, et cesse apparemment de prendre des vues de Paris entre 1916 et 1918. Craignant pour ses négatifs, il transporte dans sa cave les plaques stockées jusque-là dans son appartement, au cinquième étage du 17 *bis,* rue Campagne-Première. Le 4 février 1918, il rédige son testament[24].

A la fin du conflit, le vieux Paris pittoresque passe à l'arrière-plan des préoccupations générales. Atget comprend que ses clichés ont perdu beaucoup de leur valeur marchande, d'autant que de nombreuses collections publiques en possèdent des tirages. C'est pourquoi, intimement convaincu de l'intérêt historique des plaques à long terme, il entre en relation avec Paul Léon, directeur des Beaux-Arts, en novembre 1920. La négociation débouche assez vite sur la vente de deux mille six cent vingt et un négatifs (dont mille cinquante-trois clichés de la série «L'art dans le vieux Paris», et l'ensemble de ce qui reste des séries «Paris pittoresque» et «Topographie du vieux Paris»). La direction des Beaux-Arts, au ministère de l'Instruction publique et des Beaux-Arts, verse la somme de dix mille francs pour cet ensemble de plaques.

Trois lettres d'Atget à Paul Léon sont parvenues jusqu'à nous, et c'est dans cette correspondance que le photographe s'exprime le plus longuement et le plus clairement au sujet de son œuvre[25]. Il met en avant le caractère exhaustif de la documentation qu'il a constituée: «J'ai recueilli, pendant plus de vingt ans, par mon travail et mon initiative individuelle, dans toutes les vieilles rues du vieux Paris, des clichés photographiques, format 18 x 24, documents artistiques sur la belle architecture civile du XVIe au XIXe siècle: les vieux hôtels, maisons historiques ou curieuses, les belles façades, belles portes, belles boiseries, les heurtoirs, les vieilles fontaines, les escaliers de style (bois et fer forgé); les intérieurs de toutes les églises de Paris (ensembles et détails artistiques: Notre Dame, St Gervais et Protais, St Séverin, St Julien le Pauvre, St Etienne du Mont, St Roch, St Nicolas du Chardonnet, etc. etc.). Cette énorme collection artistique et documentaire est aujourd'hui terminée. Je puis dire que je possède tout le Vieux Paris.»

Atget souligne également l'importance historique de ces plaques, qui gardent le souvenir de bien des bâtiments disparus à cette date. «Par exemple: le quartier St Séverin est complètement changé. J'ai tout le quartier, depuis vingt ans, jusqu'en 1914, démolitions comprises.» A la lecture de ces lettres, on voit bien que, dans l'esprit d'Atget, son œuvre formait un tout cohérent, et non pas une simple accumulation d'images éparses.

Quand Atget recommence à photographier Paris en 1919, il adopte une démarche beaucoup moins ambitieuse et systématique qu'avant la guerre. Il réalise quelques campagnes de prises de vue sur un sujet étroitement délimité, par exemple une nouvelle série d'hôtels particuliers, et poursuit son inventaire des formes urbaines, notamment les cours, dont il a conservé tous les négatifs antérieurs en les excluant de la transaction avec la direction des Beaux-Arts en 1920[26]. Atget explore des quartiers qu'il avait plus ou moins laissés de côté depuis assez longtemps déjà, comme Montmartre ou Passy. En 1923, il entame un nouveau travail sur les parcs de Paris. Son œuvre prend un tour de plus en plus personnel à mesure qu'il retourne sur des lieux déjà photographiés autrefois. Désormais, Atget aime à prendre des vues à différentes heures de la journée, non sans manifester une certaine prédilection pour les lueurs de l'aube ou pour les états atmosphériques passagers, telles les brumes opalescentes des petits matins d'hiver. Les albums qu'il recommence à vendre au musée Carnavalet en 1921 révèlent qu'il a su s'adapter aux nouvelles préoccupations de l'après-guerre. Il y rassemble des images des quartiers disparus, par exemple les vues des démolitions intervenues en 1913 aux abords de Saint-Séverin ou la série du parc Delessert, réalisée en 1914. D'autres albums évoquent les coins pittoresques et les petites cours de Montmartre ou d'ailleurs. En 1924, Atget, qui s'inquiète de ce que deviendra plus tard l'œuvre de sa vie, propose une importante collection de négatifs à la Bibliothèque nationale. Finalement, la transaction ne se fait pas[27].

Valentine Compagnon, qui partageait son existence depuis plus de quarante ans, meurt le 20 juin 1926. Atget ne prend presque plus de photos. Il s'éteint à son tour le 4 août 1927. André Calmettes, chargé d'administrer la succession, cède deux mille négatifs à l'administration des Monuments historiques et des sites en 1927[28] et vend le reste à Berenice Abbott en juin 1928.

1. Le Museum of Modern Art de New York a acheté en 1968 la collection de Berenice Abbott, comprenant environ mille trois cents négatifs en verre, cinq mille tirages sur papier, cent dix-huit albums de référence, le « répertoire » où Atget notait les coordonnées de ses clients et l'album relié « L'art dans le vieux Paris ».

2. Une copie dactylographiée de la lettre de Calmettes (dont l'original est perdu) est reproduite dans John Szarkowski et Maria Morris Hambourg, *The Work of Atget*, t. II : *The Art of Old Paris*, New York, The Museum of Modern Art, 1982, p. 32-33 (*cf.* note 4). C'est de cet ouvrage que sont extraites les citations.

3. Les écrits de Berenice Abbott sur Eugène Atget se fondent sur les informations fournies par Calmettes. Voir notamment ses articles dans *Creative Art*, vol. 5, n° 3, 1929, p. 651-656, et dans *The Complete Photographer*, vol. 6, n° 6, 1941, p. 335-339, ainsi que sa monographie *The World of Atget*, New York, Horizon, 1964, rééd., New York, Paragon Books, 1979. Des photographies provenant de la collection de Berenice Abbott sont reproduites dans le livre de Pierre Mac Orlan, *Atget, photographe de Paris*, Paris, Henri Jonquières, 1930, et dans *A Vision of Paris : The Photographs of Eugène Atget, the Words of Marcel Proust*, présenté par Arthur D. Trottenberg, New York, Macmillan, 1963. En 1956, Berenice Abbott publie en édition limitée un portfolio de vingt épreuves au gélatino-bromure d'argent virées à l'or, *Twenty Photographs by Eugène Atget 1856-1927 [sic]*. Sur le travail accompli par Berenice Abbott pour la diffusion de l'œuvre d'Atget, voir Maria Morris [Hambourg], « Eugène Atget, 1857-1927 : The Structure of the Work », thèse de doctorat, New York, Columbia University, 1980, p. 14-17, 21, 24-25 et 30-31 ; et Hank O'Neal, *Berenice Abbott, American Photographer*, New York, McGraw-Hill, 1982, p. 11 et suiv.

4. Jean Leroy, Maria Morris Hambourg et Molly Nesbit ont tous trois accompli un travail de pionniers pour la connaissance d'Atget. Leroy a commencé ses recherches vers 1957. Parmi ses nombreux articles, on retiendra surtout « Qui étiez-vous, Eugène Atget ? », *Camera*, vol. 41, n° 12, 1962, p. 6-8, repris dans *Atget, magicien du vieux Paris en son époque*, Joinville-le-Pont, Pierre Jean Balbo, 1975, et nouvelle édition, Paris, Pierre Jean Balbo / Paris Audiovisuel, 1992.

Après sa thèse sur Eugène Atget, Maria Morris Hambourg a rédigé avec John Szarkowski une importante monographie, *The Work of Atget*, New York, The Museum of Modern Art, dont les quatre tomes sont parus entre 1981 et 1985 : t. I, *Old France*, 1981 ; t. II, *The Art of Old Paris*, 1982 ; t. III, *The Ancien Regime*, 1983 ; et t. IV, *Modern Times*, 1985. A noter aussi, son article « Atget, Precursor of Modern Documentary Photography », dans « Observations : Essays on Documentary Photography », numéro spécial de *Untitled*, n° 35, sous la direction de David Featherstone, Carmel, The Friends of Photography, 1984, p. 24-39.

Molly Nesbit a consacré son mémoire de maîtrise à « Atget's Book, *L'Art dans le Vieux Paris* : Tradition and the Individual Photographic Talent », New Haven, Yale University, 1976, avant de soutenir une thèse de doctorat sur « Atget's Seven Albums, in Practice », New Haven,

Yale University, 1983. Cette thèse a été éditée par Yale University Press en 1992 sous le titre *Atget's Seven Albums*. Parmi ses articles, on peut citer « La seconde nature d'Atget », dans le hors série de *Photographies* consacré aux actes du colloque Atget, mars 1986, p. 20-29 ; « The Use of History », *Art in America*, vol. 74, n° 2, 1986, p. 72-83 ; et « Eugène Atget, le photographe et l'histoire », dans *Nouvelle Histoire de la photographie*, sous la direction de Michel Frizot, Paris, Adam Biro et Bordas, 1994, p. 398-409.

L'œuvre d'Atget a été plus largement diffusée à partir des collections du musée Carnavalet grâce à des expositions et à des publications. Voir notamment Margaret [Molly] Nesbit et Françoise Reynaud, *Eugène Atget 1857-1927. Intérieurs parisiens*, Paris, musée Carnavalet / Mois de la Photo, 1982, réédité, Paris, Paris-Musées et éditions Carré, 1992 ; Françoise Reynaud et Sophie Grossiord, *Atget, Géniaux, Vert. Petits métiers et types parisiens vers 1900*, Paris, musée Carnavalet / Mois de la Photo, 1984 ; et Françoise Reynaud, *Les Voitures d'Atget au musée Carnavalet*, Paris, Paris-Musées / Editions Carré, 1991.

5. Hambourg, thèse citée, p. 395-467 ; et Nesbit, thèse citée, p. 355-367. On trouvera un résumé des transcriptions d'entretiens conservées aux archives Atget du Museum of Modern Art dans Szarkowski et Hambourg, *op. cit.*, t. II : *The Art of Old Paris*, p. 40-41.

6. Voir Leroy, *op. cit.*, 1992 ; Hambourg, thèse citée, p. 37-103, et « A Biography of Eugène Atget », dans Szarkowski et Hambourg, *op. cit.*, t. II : *The Art of Old Paris*, p. 9-39.

7. Hambourg, thèse citée, p. 57-61 et 158-178 ; Nesbit, *op. cit.*, p. 28-41.

8. Voir Anthony Sutcliffe, *The Autumn of Central Paris : The Defeat of Town Planning, 1850-1970*, Londres, Edward Arnold, 1970, p. 179-212.

9. Sur les relations d'Atget avec les institutions et les amateurs du vieux Paris, voir Hambourg, thèse citée, p. 195-204, et Nesbit, *op. cit.*, p. 62-75. Sur ses relations avec Detaille et Sardou, voir Hambourg, thèse citée, p. 60-61 et p. 198, et Nesbit, *op. cit.*, p. 29-31 et p. 63.

10. Les photographies qu'Atget a réalisées en dehors de Paris débordent le cadre de notre propos. Il a pris environ trois mille cinq cents vues des parcs royaux et des villages d'Ile-de-France. Voir à ce sujet Hambourg, thèse citée, p. 158-178 et p. 190-195 ; Szarkowski et Hambourg, *op. cit.*, t. I : *Old France*, et t. II : *The Ancien Regime*. Sur les systèmes de classement et de numérotation employés par Atget, voir Barbara Michaels, « An Introduction to the Dating and Organization of Eugène Atget's Photographs », *Art Bulletin*, vol. 61, n° 3, 1979, p. 460-468 ; et Hambourg, thèse citée, p. 103-157.

11. Atget a continué de compléter la série « L'art dans le vieux Paris » jusqu'en 1927. Elle comprenait environ deux mille deux cent vingt-cinq clichés, numérotés de 3500 à 6721 de façon discontinue, sans doute pour pouvoir compléter des ensembles. D'après Hambourg, thèse citée, p. 182, 184 et 189, avant 1905 et après 1921, le photographe intitulait cette série « Vieux Paris ».

12. La série « Paris pittoresque » regroupe environ neuf cents clichés, répartis en trois sous-séries numérotées séparément. Voir Hambourg, thèse citée, p. 178-181 et p. 204-219. Sur les métiers de Paris, voir le catalogue d'exposition *Atget, Géniaux, Vert. Petits métiers et types parisiens vers 1900*, Paris, musée Carnavalet, 1984, par Françoise Reynaud et Sophie Grossiord.

13. Voir *Charles Marville : Photographs of Paris, 1852-1878*, catalogue d'exposition, New York, Alliance française, 1981, et Marie de Thézy, *Marville, Paris*, Paris, Hazan, 1994.

14. La série « Topographie du vieux Paris » est décrite en détail dans Hambourg, thèse citée, p. 234-314. Elle comprend mille six cent trente négatifs numérotés de 10 à 1676, avec un intervalle entre les n°s 1325 et 1360. Atget a ajouté neuf clichés en 1919 (n°s 1687 à 1695). Pour légender les images, il a consulté la deuxième édition du *Guide pratique à travers le vieux Paris : maisons historiques ou curieuses, anciens hôtels, pouvant être visités en trente-trois itinéraires détaillés*, du marquis Félix de Rochegude, Paris, Hachette, 1903. Voir Nesbit, *op. cit.*, p. 227. En 1910-1911, Atget a réalisé sur commande, pour la Bibliothèque historique de la Ville de Paris, une série de prises de vue plus particulièrement consacrée à la topographie des Tuileries, composant un véritable inventaire des sculptures exposées dans le jardin des Tuileries. Ces images forment une série à part, numérotée de 100 à 348. Voir Hambourg, thèse citée, p. 290-293, et Nesbit, *op. cit.*, p. 68-71.

15. Par exemple, Atget a réalisé durant la même période les vues du passage des Singes (ill. 11-17) et celles du 21, rue Visconti (cat. 2.1-2.8). Voir « Photographier l'architecture », p. 28, et « Sept sites parisiens », p. 48.

16. Atget tirait toujours ses épreuves par noircissement direct du papier albuminé, en utilisant la lumière du jour. Dans ce procédé de tirage par contact, le contraste variait en fonction de l'intensité du rayonnement ultraviolet. Le résultat était donc bien meilleur en été. En outre, la sensibilité du papier albuminé diminuait considérablement lorsque la température ambiante descendait en dessous de 5 °C. Voir James Reilly, *The Albumen & Salted Paper Book : The History and Practice of Photographic Printing, 1840-1895*, Rochester, Light Impressions, 1980, p. 70-74. Les lettres qu'Atget a échangées en 1903 avec le Victoria and Albert Museum de Londres nous apprennent qu'il effectuait des tirages en février. Voir Hambourg, thèse citée, p. 72 et p. 411-412.

17. Sur les ventes de clichés à des institutions entre 1898 et 1928, voir Nesbit, *op. cit.*, p. 260-270.

18. Ces deux formules correspondent à deux sortes d'albums bien distinctes. Voir Hambourg, thèse citée, p. 108-109 et p. 123-129 ; et Nesbit, *op. cit.*, p. 82-83. Dans sa lettre à Paul Léon en date du 22 novembre 1920, Atget parle de son envoi de « vingt-cinq albums représentant mille cinquante-trois clichés » (Leroy, *op. cit.*, p. 31).

19. Atget a d'abord vendu à la Bibliothèque historique de la Ville de Paris, le 6 juillet 1910, un ensemble de soixante photographies d'intérieurs privés, épreuves collées sur des supports cartonnés. Le 27 août 1910, il les vend aussi au musée Carnavalet sous la forme d'un album broché à couverture imprimée intitulé « Intérieurs parisiens ». Enfin, il les cède à la Bibliothèque nationale, dans un album à reliure en cuir, le 6 janvier 1911. Voir Nesbit, *op. cit.*, p. 119 ; et Nesbit et Reynaud, *op. cit.*, rééd. 1992.

20. Ces albums sont présentés en détail dans Nesbit, *op. cit.*

21. Les chiffres donnés ici proviennent de Nesbit, *op. cit.*, p. 260-270.

22. La principale source d'information sur le commerce de photographies d'Atget est son fameux « répertoire » conservé au Museum of Modern Art de New York. Dans ce carnet, il a noté les nom et adresse de ses clients, en précisant leurs centres d'intérêt et les horaires où ils pouvaient le recevoir. Voir Hambourg, thèse citée, p. 74-79, et Nesbit, *op. cit.*, p. 20-27 et p. 271-284.

23. Nesbit, *op. cit.*, p. 28-79.

24. Leroy, *op. cit.*, p. 48.

25. Cette correspondance est intégralement reproduite dans Leroy, *op. cit.*, p. 30-37.

26. Voir Hambourg, thèse citée, p. 334-335 ; et Szarkowski et Hambourg, *op. cit.*, t. III : *The Ancien Regime*, p. 31.

27. Seule la liste des négatifs est parvenue jusqu'à nous. Elle est reproduite dans Nesbit, thèse citée, p. 365-366.

28. On ne sait pas très bien s'il s'agissait d'une vente ou d'un don à l'Etat français. Ce service, qui dépendait de la direction des Beaux-Arts, avait déjà acquis directement d'Atget un lot de clichés en 1920. Voir Szarkowski et Hambourg, *op. cit.*, t. I : *Old France*, p. 152.

Photographier l'architecture

ill. 29 **Rue Saint-Julien-le-Pauvre,
vers le quai de Montebello
et Notre-Dame, V^e**, juin 1923

ill. 30 **Coin des rues de Seine
et de l'Echaudé, VIe**, 1905

Le cliché pris par Atget devant la boutique sise au 21 rue du Faubourg-Saint-Honoré (ill. 2) constitue en réalité – et de façon tout à fait exceptionnelle – un auto-portrait savamment médité[1]. Il s'y représente en photographe de la ville. Il nous montre non seulement son matériel, mais aussi les conditions d'exercice de son métier. Même si cette image date de 1902, on sait que les méthodes, les techniques et les outils professionnels d'Atget n'ont guère varié tout au long de sa carrière. Sa chambre de prises de vue, dont la forme carrée est en grande partie dissimulée sous l'étoffe noire, n'a jamais été exactement identifiée. Quand Berenice Abbott a cherché à savoir où était passé le matériel d'Atget après sa mort, on lui a expliqué que tout avait disparu[2]. L'examen des photographies semble indiquer qu'il avait acheté un appareil tout à fait standard au début de sa carrière et qu'il a continué à l'utiliser jusqu'à la fin de sa vie. C'était une armature en bois et métal que l'on ouvrait pour déplier un grand soufflet, entre un verre dépoli sur l'arrière, servant à visualiser l'image, et un objectif sur l'avant[3].

Après avoir choisi son sujet et déterminé l'angle de prise de vue le plus approprié, Atget sort l'appareil du sac où il le transporte, le fixe soigneusement sur son pied en bois et oriente le support du dépoli à la verticale ou à l'horizontale, selon le format souhaité. Pour effectuer la mise au point, il passe la tête sous l'étoffe noire qui recouvre l'appareil et examine l'image qui apparaît sur le verre dépoli, en couleurs mais à l'envers et retournée, et moins lumineuse sur les bords. Il rectifie la position de l'appareil en le déplaçant très légèrement vers l'avant, l'arrière ou le côté afin d'englober une plus grande ou plus petite portion de son sujet et de bien cadrer l'image. Puis il déplie et replie doucement le soufflet jusqu'à ce que la plaque soit à la bonne distance de l'objectif, assurant ainsi la netteté de l'image.

D'après Berenice Abbott, Atget employait une «trousse-objectif» comportant diverses optiques modulables qu'il adaptait à volonté en ôtant ou en ajoutant des éléments[4]. Cela lui permettait de passer d'un angle normal à un grand angle de champ sans déplacer l'appareil. En outre, il pouvait encore opérer des décentrements en glissant l'avant de l'appareil, avec l'objectif, vers le haut s'il souhaitait

p. 15

réduire l'importance du premier plan. Ces manipulations très simples lui donnaient la possibilité d'inclure le sommet des édifices et les branches d'arbres dans ses photographies. En même temps, elles introduisaient un «vignettage» caractéristique, qui se traduisait par une zone incurvée sombre dans le haut de l'image[5], accompagnée d'une perte de netteté vers les bords (ill. 29 et 30).

Une fois parvenu à un résultat satisfaisant quant au cadrage et à la mise au point, Atget bouche l'objectif, dégage le verre dépoli à l'arrière, sort un châssis négatif de sa sacoche (on la voit à ses pieds sur l'illustration 2). Auparavant, dans l'obscurité de son laboratoire, il a inséré dans le châssis deux plaques sensibilisées, achetées toutes prêtes dans le commerce. Il glisse maintenant le châssis dans la rainure verticale destinée à le recevoir à l'arrière de l'appareil. Atget évalue approximativement le temps de pose d'après son expérience des prises de vue dans des conditions analogues[6], attend que les branches d'arbres aient fini de s'agiter ou que les passants se soient éloignés. Une fois ces précautions prises, il retire le volet protecteur du châssis négatif en le faisant glisser, et ôte le bouchon d'objectif afin d'exposer la première plaque à la lumière[7]. A la fin du temps de pose, il remet le bouchon sur l'objectif, rabaisse le volet protecteur et range le châssis négatif dans sa sacoche. Ensuite, soit il déplace l'appareil et son trépied pour prendre une autre vue non loin de là, soit il démonte son matériel afin de le transporter ailleurs. Mais pour chaque photographie Atget doit recommencer toute la suite d'opérations décrites précédemment.

Pour réaliser des prises de vue dans Paris avec une chambre photographique aussi encombrante, il fallait une grande résistance physique et de la force, mais aussi de la patience et de la minutie. Chaque détail importait : choisir soigneusement les points de vue, calculer attentivement les cadrages, évaluer l'effet, manipuler les plaques et surveiller l'exposition. De plus, le caractère documentaire des clichés supposait de la part d'Atget une connaissance intime des relations entre les paramètres optiques de l'appareil et l'organisation de l'espace photographié, en faisant entrer en ligne de compte les conditions d'éclairage et les particularités de l'architecture tout autant que les attentes de ses clients. L'expérience acquise au fil des ans l'aidait beaucoup, ainsi que son œil de photographe de plus en plus exercé.

Tout au long de sa carrière, Atget a constamment ressenti la nécessité de travailler par séries afin de disposer d'une représentation aussi complète que possible d'un site ou d'un sujet donné, qu'il pouvait ensuite proposer dans son intégralité ou par fragments. A regarder de près les suites de clichés ainsi réalisées, on commence à discerner des constantes dans la façon dont Atget composait ses images et appréhendait l'espace urbain.

ill. 8 **Place du Louvre et église Saint-Germain-l'Auxerrois, Iᵉʳ, 1902**

ill. 9 **Rue des Prêtres-Saint-Germain-l'Auxerrois, de la place du Louvre, Iᵉʳ, 1902**

ill. 10 **Rue des Prêtres-Saint-Germain-l'Auxerrois, Iᵉʳ, 1902**

Quand il photographie la place du Louvre et l'angle de la rue des Prêtres-Saint-Germain-l'Auxerrois, en 1902, il choisit un après-midi où une lumière rasante éclaire fortement les faces ouest et sud de l'église (ill. 8-10). Le matin, la façade principale est entièrement dans l'ombre. Atget commence par installer son appareil à un endroit où il peut observer la façade ouest de Saint-Germain-l'Auxerrois, avant de se décaler de quelques mètres seulement pour photographier la rue des Prêtres-Saint-Germain-l'Auxerrois. En introduisant chaque fois le même réverbère dans l'image, il fournit au spectateur un point de repère suffisant pour permettre de comprendre comment les deux vues s'articulent dans l'espace. Les photographies mises côte à côte couvrent un arc de cercle de 90°, à la charnière entre deux espaces publics. Sans coïncider vraiment (seules les photographies prises en 1923 au croisement des rues des Ursins et des Chantres se raccordent assez bien pour former bout à bout une vue panoramique continue[8]), ces clichés mettent en évidence un procédé caractéristique chez Atget, qui consiste à prendre deux vues successives sans pratiquement bouger l'appareil[9].

Cette stratégie lui épargne des efforts superflus, augmente l'efficacité de son travail, mais présente également un avantage commercial car il peut, selon le cas, vendre les photographies à la pièce ou par lot de deux. Atget prend un troisième cliché dans la rue des Prêtres-Saint-Germain-l'Auxerrois. L'emplacement choisi pour installer l'appareil lui permet de montrer la façade latérale éclairée de l'église et, en même temps, de rendre bien visible le rétrécissement de la chaussée, qui débouchait alors dans la rue du Pont-Neuf[10].

Ces trois vues consécutives dans le temps et dans l'espace soulignent l'insertion de l'église dans son environnement urbain. En son temps, Edouard Baldus (1813-1882) était allé sur la colonnade du Louvre pour photographier l'église Saint-Germain-l'Auxerrois isolée de son contexte, sous un angle de vue idéal, conformément aux théories urbaines du baron Haussmann[11]. Atget s'attache au contraire à montrer le monument tel que les piétons le voient quotidiennement. Ces principes et cette démarche sous-tendent la totalité de ses œuvres parisiennes.

En 1911, Atget réalise sept vues du passage des Singes [12], une voie de trente-cinq mètres de long, en partie couverte, reliant la rue Vieille-du-Temple à la rue des Guillemites. Si l'on classe ces images dans l'ordre de leur numérotation, on pourrait avoir l'impression d'une progression un peu brouillonne ou aléatoire (ill. 14, 11, *p. 33* 17, 13, 12, puis 16 et 15), ce qui paraît d'autant moins probable qu'Atget a très sou- *p. 37, 32 : 36* vent photographié des passages, des cours intérieures et d'autres espaces analogues. Ce spécialiste de la photographie urbaine se devait avant tout de proposer une représentation aussi claire et intelligible que possible des formes et des espaces architecturaux. Photographe commercial, il avait d'inévitables contraintes de rentabilité et le souci de couvrir tout l'éventail des centres d'intérêt de ses clients. Si l'on présume une certaine logique dans le mode de travail d'Atget, on décèle deux grandes constantes dans ses suites de clichés : premièrement, il commence par un plan d'ensemble avant de prendre des plans plus rapprochés, et, deuxièmement, il se déplace toujours vers l'avant, sans jamais reculer l'appareil monté sur son pied. Par conséquent, sa façon de représenter les sites et les monuments par des séries d'images complémentaires découle directement de sa méthode.

A partir de là, on peut disposer les sept vues de la rue des Guillemites et du passage des Singes dans un ordre qui donne une représentation cohérente des espaces *p. 182-183* successifs (ill. 11-17). Chaque cliché donne à voir l'emplacement occupé par l'appareil pour la photographie suivante, incitant le spectateur à se projeter en imagination à cet endroit, à entrer dans le passage, à le visiter, à s'approcher de l'étal de primeurs et de la fontaine pittoresque, avant de revenir dans la rue des Guillemites et de poursuivre son chemin [13]. Pour composer ces différentes images, Atget a évité d'orienter l'objectif rigoureusement dans l'axe, préférant installer l'appareil légèrement de côté afin d'accentuer l'enfilade d'espaces au lieu de la gommer. Quand il s'est avancé de la rue des Guillemites vers l'intérieur du passage des Singes, il a déplacé son appareil en suivant la ligne de visée pour mieux souligner le rôle de *p. 32* transition joué par le passage (ill. 12 et 13). En outre, il utilisait presque toujours un élément remarquable du premier plan, tel qu'une charrette ou un éventaire, pour indiquer l'échelle et pour commencer à faire zigzaguer le regard du spectateur dans l'espace fictif de la photographie. Cette suite de clichés forme un tout cohérent qui donne une représentation architecturale très juste du passage, de son articulation avec les rues des Guillemites et Vieille-du-Temple, tout en évoquant, grâce aux images du marchand de primeurs et à celle du puits, sa vocation de lieu de rencontre pour toutes les personnes qui habitaient ou travaillaient dans le voisinage.

ill. 11 **6, rue des Guillemites, IVᵉ**, 1911

ill. 12 **Entrée du passage des Singes, 6, rue des Guillemites, IVᵉ**, 1911

Si notre reconstitution des faits et gestes du photographe paraît tout à fait crédible, il faut en déduire que ses négatifs n'étaient pas forcément numérotés dans l'ordre de leur réalisation. Atget a classé les sept images dans trois séries distinctes :

ill. 13 **Passage des Singes, vers la rue Vieille-du-Temple, IVᵉ, 1911**

ill. 14 **Passage des Singes, vers la rue des Guillemites, IVᵉ**, 1911

cinq (ill. 11-14 et 17) dans «Topographie du vieux Paris», la vue générale de l'étal de ^{p. 31, 32, 33, 3,} primeurs (ill. 15) dans «L'art dans le vieux Paris», et la vue partielle du même étal ^{p. 36} (ill. 16) dans «Paris pittoresque». Rien ne permet de savoir si Atget a décidé ces ^{p. 36} différentes affectations au moment où il a choisi les points de vue et composé les images, ou plus tard, quand il a numéroté les clichés. Ses habitudes à cet égard ont peut-être varié au cours de sa carrière. Indépendamment des circonstances exactes de leur classement, les sept images en question confirment qu'Atget travaillait à plusieurs séries à la fois. Tout en élaborant une représentation intelligible d'un site donné et en réunissant un ensemble de vues susceptibles de retenir l'attention de sa clientèle, il traitait des thèmes qui l'intéressaient personnellement, comme l'indique l'utilisation de la vue partielle de l'étal de primeurs pour l'album de 1912 intitulé «Métiers, boutiques et étalages de Paris[14]».

Les sept clichés pris en 1904 dans l'escalier de l'hôtel Dodun, au 21 de la rue de Richelieu, pour citer un exemple de vues d'intérieur, sont numérotés dans l'ordre probable de leur réalisation; ils témoignent de la progression du photographe dans l'espace (ill. 18-21). Atget a mis à profit la lumière naturelle abondante fournie par ^{p. 39} la porte d'entrée et par les fenêtres qui éclairent chaque palier. Il a commencé par installer son appareil au rez-de-chaussée pour prendre une vue d'ensemble, puis une vue partielle de la rampe en fer forgé finement ouvragé (ill. 18 et 19). Il est ^{p. 39} monté ensuite au premier étage, où il a pris trois clichés étroitement apparentés (ill. 20-22), puis il a gravi quelques marches de plus pour photographier la sculp- ^{p. 39, 40} ture allégorique (ill. 23), avant d'aller réaliser un dernier cliché sur le palier du ^{p. 41} deuxième étage (ill. 24). ^{p. 41}

Ces images démontrent qu'Atget adopte une démarche identique pour ses reportages à l'intérieur et à l'extérieur des édifices. Il explore systématiquement la totalité de l'espace, en partant de l'entrée et en se dirigeant vers le fond. Là encore, il commence par les vues d'ensemble avant de photographier les détails. Les contours de la rampe qui s'élève vers l'étage supérieur servent de fil conducteur pour la visite, que complètent deux arrêts sur le décor de fer forgé et un autre sur la statue. Si l'on peut reconstituer assez aisément le scénario global de la séance de travail, il n'est pas possible de déterminer avec certitude l'ordre précis de certaines images, telles les deux vues très semblables prises successivement sur le palier du premier étage (ill. 20 et 21). En tout cas, après avoir développé les négatifs, Atget a manifestement ^{p. 39} jugé utile de les conserver et de les tirer tous les deux. Le plan plus général permet de se faire une idée du volume intérieur de la cage d'escalier, tandis que la vue rapprochée produit un effet plus saisissant, créé par la proximité de la rampe et par la présence plus insistante de la statue.

Pour toutes les séances de photographie dans Paris, Atget devait se limiter à la quantité de plaques qu'il pouvait transporter sans s'encombrer exagérément. Quand on examine les groupes de clichés reliés entre eux par leur thème et leur numérotation, on s'aperçoit que le nombre des images réalisées apparemment le même jour varie de six à neuf. Quelquefois, ce sont des suites de photographies prises dans un intérieur donné, l'escalier de l'hôtel Dodun (sept vues, ill. 18-24), le vestibule de l'hôtel de Beauvais (sept vues, cat. 1.11-1.17) ou l'église Saint-Séverin (huit vues, cat. 7.21-7.28). D'autres fois, les images présentent un éclairage ou des conditions atmosphériques parfaitement semblables, comme celles du passage des Singes (sept vues, ill. 11-17), les clichés réalisés après une ondée à l'angle des rues de Sévigné et de Jarente (six vues, cat. 3.9-3.14) ou les photographies prises entre la fin de la matinée et le début de l'après-midi dans les rues des Prêtres-Saint-Séverin et Boutebrie en 1912 (neuf vues, cat. 7.56-7.64). Atget a parfois daté certains groupes de négatifs, dont le nombre se situe également dans la même fourchette. Ainsi, le 15 mars 1913, il a pris huit vues de la rue de la Parcheminerie en démolition (cat. 7.67-7.74). Cela ne permet pas pour autant de déterminer la cadence des plaques impressionnées par Atget, dans la mesure où sa production changeait peut-être en fonction du sujet, des conditions météorologiques, de la longueur du trajet et des autres prises de vue éventuellement programmées dans la même journée [15]. De plus, son rythme a très bien pu varier au fil du temps.

Quand il avait réuni un certain nombre de documents photographiques sur tel ou tel site, par exemple l'hôtel Dodun ou le passage des Singes, Atget ne voyait guère l'intérêt commercial de retourner au même endroit, et il le faisait rarement. Pour les sujets photographiés à deux reprises, la comparaison entre les images (parfois réalisées à dix ou vingt ans d'écart) nous apporte des renseignements supplémentaires sur sa façon de travailler. Après avoir vendu deux mille six cent vingt et une plaques à la direction des Beaux-Arts en décembre 1920, il revient au cours des six années suivantes sur différents lieux déjà photographiés, sans doute pour regarnir son stock de négatifs. C'est ainsi qu'en 1922 il refait une prise de vue devant la maison que Balzac a occupée de 1840 à 1847 dans la rue Berton, à Passy, en installant son appareil pratiquement à la même place que neuf ans plus tôt, en 1913 (ill. 25 et 26). On imagine mal quelle motivation commerciale aurait pu l'inciter à chercher à reproduire exactement la même vue. Il faut en conclure que les similitudes entre les deux clichés tiennent aux réactions coutumières d'Atget face à ce type de paysage urbain. Cependant, les différences subtiles ne peuvent être entièrement attribuées aux conditions atmosphériques, la première image étant prise par temps couvert et la suivante à la faveur d'une matinée ensoleillée. La seconde

p. 39-41
p. 56-57, 184
p. 119-125
31-33, 36-37
p. 187, 68
146-151, 194
-159, 194-195
p. 42-43

ill. 15 **Marchand de légumes, passage des Singes, IVe**, 1911

ill. 16 **Marchand de légumes, passage des Singes, IVe**, 1911

ill. 17 **Puits du passage des Singes, IVᵉ**, 1911

fois, Atget place l'appareil plus près de la maison de Balzac et du mur de soutènement, ce qui introduit dans l'image une plus grande portion de la façade, accentuant ainsi l'aspect relativement large de cette partie de la rue, qui se rétrécit au loin. Le surcroît d'expérience acquis au fil des ans a largement contribué à affiner son regard de photographe, infléchissant par là même son attitude à l'égard de ses sujets.

En tant que photographe d'architecture urbaine, Atget pouvait être amené à rephotographier un site si un changement était intervenu entre-temps. Il devait alors renouveler la documentation périmée en conséquence. Ainsi, le cliché de la rue Saint-Julien-le-Pauvre pris en 1912 est venu réactualiser celui de 1899, parce que la démolition de l'annexe de l'Hôtel-Dieu (1908-1909) avait ouvert une perspective sur la cathédrale Notre-Dame (ill. 27 et 28). En 1923, Atget est revenu à *p. 44-45* cet endroit pour réaliser une troisième prise de vue (ill. 29), peut-être parce qu'il *p. 28* voulait remplacer les deux plaques précédentes, vendues en 1920. Ce qui s'explique plus difficilement, c'est le choix d'un format horizontal. Le cadrage adopté auparavant s'accordait bien avec la configuration de la rue, étroite et tout en hauteur. En outre, il réussissait à masquer les déformations engendrées par l'objectif grand-angulaire. En 1923, Atget a installé son appareil quasiment dans la même position qu'en 1899, mais cette fois il s'est servi du grand-angle pour obtenir une image où l'enfoncement vers le point de fuite est en partie neutralisé par une composition plus symétrique et par l'effet d'ancrage au sol que produit le format horizontal.

Atget a pris cinq vues de l'immeuble qui occupe la parcelle en pointe à l'angle des rues de l'Echaudé et de Seine, en 1905, 1911 et 1924, autrement dit sur une période de près de vingt ans (ill. 30-34). Ce qui l'a poussé à retourner à cet endroit, *p. 28, 46-47* c'est peut-être la persistance d'un vague sentiment d'insatisfaction par rapport à ce motif urbain complexe, parce qu'il aurait voulu parvenir à un meilleur équilibre entre échelle et masse, entre la troupe des rues et le volume plein de l'îlot triangulaire. Atget a donc photographié ce site à trois reprises, dans des conditions atmosphériques et à des moments de la journée différents, jusqu'à ce matin de mai 1924 où il réalise deux clichés dont il n'est peut-être pas trop mécontent. Pour chacune de ces deux vues, il a mis son appareil à quelques mètres des deux emplacements choisis successivement en 1911 (ill. 31 et 33, 32 et 34). Une légère modification de *p. 46-47* l'angle de visée et du cadrage, jointe à l'effet vaporeux de la lumière du petit matin, instaure une relation harmonieuse entre la masse des édifices et les perspectives des deux rues.

Quand on parvient à réunir et à remettre dans l'ordre l'ensemble des clichés pris au cours d'une même séance sur un site donné, on voit tout de suite de quelle façon Atget menait ses activités quotidiennes de photographe. La succession des vues du passage des Singes et de celles de l'escalier de l'hôtel Dodun nous permet de suivre

ill. 18 **Escalier de l'hôtel Dodun, rez-de-chaussée,
21, rue de Richelieu, Ier, 1904-1905**

ill. 19 **Escalier de l'hôtel Dodun, bas de la rampe,
21, rue de Richelieu, Ier, 1904-1905**

ill. 20 **Escalier de l'hôtel Dodun, palier du premier étage,
21, rue de Richelieu, Ier, 1904-1905**

ill. 21 **Escalier de l'hôtel Dodun, palier du premier étage,
21, rue de Richelieu, Ier, 1904-1905**

ill. 22 **Rampe de l'escalier de l'hôtel Dodun, 21, rue de Richelieu, Iᵉʳ, 1904-1905**

ill. 23 **Escalier de l'hôtel Dodun, statue de la niche,**
21, rue de Richelieu, Ier, 1904-1905

ill. 24 **Escalier de l'hôtel Dodun, palier du deuxième étage,**
21, rue de Richelieu, Ier, 1904-1905

ill. 25 **Maison de Balzac,**
24, rue Berton, XVIᵉ, 1913

tout à la fois ses déplacements dans l'espace et le cheminement de sa pensée. Atget envisageait la photographie d'architecture en ville comme un exposé descriptif allant du général au particulier. Un point de vue unique ne pouvait suffire à rendre compte d'un lieu ou d'un édifice entier. Il fallait plusieurs points de vue successifs pour le faire découvrir peu à peu dans tout sa complexité. De plus, les photographies d'Atget étaient toujours en adéquation avec la forme urbaine considérée, ainsi que l'atteste la façon dont il modifiait sa méthode de travail pour tenir compte de la spécificité d'un carrefour, d'un passage ou d'un escalier. Si l'on examine la totalité des clichés qu'il a pris dans un même lieu, on voit bien comment il appréhende l'espace et comment il affine sa démarche lorsqu'il revient sur des sites tels que l'angle des rues de Seine et de l'Echaudé ou l'église Saint-Séverin.

1. On est fondé à croire qu'Atget a volontairement conçu cette image comme un autoportrait car il s'est mis bien en vue, alors qu'il aurait pu s'arranger pour être caché par la boiserie de la vitrine.

2. Berenice Abbott, « Eugène Atget », *The Complete Photographer*, vol. 6, n° 6, 1941, p. 338.

3. Sur le matériel et les techniques d'Atget, voir Maria Morris Hambourg, « Eugène Atget, 1857-1927 : The Structure of the Work », thèse de doctorat, New York, Columbia University, 1980, p. 66-67 et pl. 11-18, où l'on trouvera la reproduction d'une publicité pour le genre d'appareil utilisé par le photographe.

4. Berenice Abbott, *The World of Atget*, New York, Horizon, 1964, p. XXVIII. Voir aussi John Szarkowski et Maria Morris Hambourg, *The Art of Atget*, t. IV : *Modern Times*, New York, The Museum of Modern Art, 1985, p. 160-161.

5. L'appareil devait autoriser aussi des décentrements latéraux, parce que le vignettage n'est pas toujours symétrique.

6. Berenice Abbott, « Eugène Atget », *The Complete Photographer*, vol. 6, n° 6, 1941, p. 338.

7. On ne sait pas très bien si Atget se servait d'un déclencheur souple pour exposer la plaque ou s'il ôtait simplement le bouchon d'objectif. Peut-être changeait-il de méthode en fonction de l'éclairage ambiant. D'après Berenice Abbott (« Eugène Atget », *The Complete Photographer*, vol. 6, n° 6, 1941, p. 338-339), André Calmettes lui aurait dit qu'« Atget avait l'habitude d'employer une toute petite ouverture de diaphragme et de longs temps de pose ». Selon toute vraisemblance, il ôtait le bouchon d'objectif pour exposer les plaques quand il prenait des vues d'intérieurs, comme semblent le prouver certaines images où l'on voit son appareil, par exemple le cliché d'une cheminée de l'hôtel Matignon, 57, rue de Varenne, ou la photographie « Intérieur de Mme D., petite rentière, boulevard du Port-Royal » ; voir Szarkowski et Hambourg, *op. cit.*, t. II : *The Art of Old Paris*, pl. 34 ; et Molly Nesbit et Françoise Reynaud, *Intérieurs parisiens*, Paris, Paris-Musées / Editions Carré, 1992, pl. 6.

8. Elles sont reproduites dans Szarkowski et Hambourg, *op. cit.*, t. II : *The Art of Old Paris*, pl. 50-51.

9. Voir notamment cat. 1.11 et 1.12, 1.13 et 1.14, 2.4 et 2.5, 3.11 et 3.12, 7.52 et 7.53, 7.78 et 7.79, et 7.83 et 7.84. Le plus ancien exemple que j'aie trouvé est le groupe de deux vues de la façade de Saint-Gervais-Saint-Protais, datant de 1899. Ces clichés portent les nᵒˢ 3634 et 3635, dans la série « L'art dans le vieux Paris ».

10. La rue des Prêtres-Saint-Germain-l'Auxerrois s'achève actuellement dans la rue de l'Arbre-Sec.

11. Voir Barry Bergdoll, dans *Edouard Baldus, photographe*, catalogue d'exposition, Paris, Réunion des musées nationaux, 1995, p. 108-111.

12. Une fois que l'on a identifié une image d'un site donné, il est assez simple de réunir tous les clichés qui s'y rapportent en examinant les photographies qui portent des numéros voisins, et en passant en revue les séries sur des thèmes apparentés auxquels Atget a travaillé en même temps. Ces recherches sont facilitées par le classement topographique des photographies d'Atget conservées au musée Carnavalet, à la Bibliothèque historique de la Ville de Paris et à la Bibliothèque nationale de France. Sur les vues du passage des Singes, voir Hambourg, thèse citée, p. 262-264.

13. Cette séquence d'images s'intègre en effet à une suite de négatifs réalisés dans ce quartier : le numéro précédent (1088) concerne le 19, rue Vieille-du-Temple, et les deux numéros suivants (1094 et 1095) sont pris plus loin dans la rue des Guillemites.

14. C'est la planche 33 de l'album « Métiers, boutiques et étalages de Paris ». Voir Molly Nesbit, *Atget's Seven Albums*, New Haven et Londres, Yale University Press, 1992, p. 252 et p. 374.

15. Faute de documents écrits, on doit se contenter d'évaluer la production quotidienne d'après les négatifs numérotés qui sont parvenus jusqu'à nous. Mais on n'a aucun moyen de savoir combien de plaques il a pu détruire après les avoir développées parce qu'il les jugeait ratées ou parce qu'elles faisaient double emploi. Maria Morris Hambourg (thèse citée, p. 246-247) pense qu'Atget devait transporter douze plaques pour chaque séance. Elle se fonde sur l'examen des clichés numérotés réalisés sur des sites où Atget était allé travailler en s'absentant de chez lui toute la journée.

ill. 26 **Maison de Balzac, 24, rue Berton, XVIe**, mars 1922

ill. 27 **Rue Saint-Julien-le-Pauvre, vers la rue de la Bûcherie et l'ancienne annexe de l'Hôtel-Dieu, V**e, août 1899

ill. 28 **Rue Saint-Julien-le-Pauvre, vers le quai de Montebello et Notre-Dame, V**^{e}**, 1912**

ill. 31 **Coin des rues de Seine et de l'Echaudé, VIe, 1911**

ill. 32 **Coin des rues de Seine et de l'Echaudé, VIe, 1911**

ill. 33 **Coin des rues de Seine et de l'Echaudé, VIe**, mai 1924

ill. 34 **Coin des rues de Seine et de l'Echaudé, VIe**, mai 1924

Sept sites parisiens

Dans ce chapitre, sept études de sites sont présentées. Etant donné que cette publication s'appuie principalement sur le vaste fonds du musée Carnavalet, le choix des sites se limite à Paris *intra-muros*, à l'exclusion des pittoresques villages environnants et des jardins royaux de l'Ile-de-France. Le choix reflète également la nature du fonds du musée. Le musée Carnavalet acheta environ 2 600 photographies à Atget entre 1898 et 1927, dont la majorité provenait de négatifs réalisés avant 1914, tandis que moins de 400 d'entre elles étaient des clichés des années 1920. En 1952, le musée acquit une collection topographique supplémentaire de 3 594 photographies, dont tous les négatifs datent d'avant la guerre. Par conséquent, cinq des études présentées ici portent exclusivement sur des photographies prises avant 1914, tandis que les deux dernières comportent des images couvrant toute la carrière d'Atget.

Les sites qui ont été choisis représentent chacun une typologie urbaine caractéristique : l'hôtel (l'hôtel de Beauvais et l'hôtel de Ranes) ; un groupe de rues (rue du Parc-Royal, rue de Sévigné et rue de Jarente) ; un carrefour (celui où convergent la rue de l'Abbaye, la rue Cardinale, la rue de l'Echaudé, le passage de la Petite-Boucherie et la rue Bourbon-le-Château) ; une place publique (la place Bernard-Halpern) ; les quais de la Seine (autour du Pont-Neuf) ; enfin, un édifice important dans un quartier (l'église Saint-Séverin et les rues qui la bordent). Chacun est également choisi parce qu'il révèle, à l'examen, un aspect différent de la méthode qu'emploie Atget pour photographier les espaces architecturaux et urbains. Chaque site correspond à un endroit où le photographe travaille intensément, soit pendant un temps limité (rue Visconti), soit en y revenant périodiquement (place Bernard-Halpern), soit continûment sur une période de plusieurs années (Saint-Séverin). Pour chacun de ces lieux, nous avons rassemblé en une séquence plausible toutes les prises de vue connues provenant d'une ou plusieurs excursions photographiques. Enfin, à l'exception de deux sites seulement[1], tous sont aujourd'hui dans une large mesure inchangés.

1. La création de la voie Georges-Pompidou a complètement changé les secteurs du port du Louvre et du port de la Mégisserie, près du Pont-Neuf, et l'élargissement de la rue de la Parcheminerie, de la rue Saint-Jacques et de la rue des Prêtres-Saint-Séverin a transformé tout le quartier autour de l'église Saint-Séverin.

Dans les pages suivantes, la sélection d'images n'est pas complète, alors qu'elle l'est dans le chapitre «Catalogue des photographies» (p. 184-197).

Sauf exceptions, les photographies reproduites ici sont les meilleurs tirages d'Atget, du point de vue de la qualité technique et de l'état de conservation, disponibles dans les collections du musée Carnavalet, ou par défaut dans celles de la Bibliothèque historique de la Ville de Paris et de la Bibliothèque nationale de France.

Lorsque aucun tirage réalisé par Atget n'a pu être retrouvé, ou que le tirage était en mauvais état de conservation, le négatif conservé au service des archives photographiques de la Médiathèque de l'architecture et du patrimoine a été utilisé, et un tirage moderne a été réalisé. Cependant, l'état de conservation des négatifs d'Atget est parfois problématique (*cf.* p. 166).

1. Hôtel de Beauvais, 68, rue François-Miron, IV⁰ arrondissement, 1900 et 1902

Atget fait dix-sept photographies de l'hôtel de Beauvais, exemple inhabituel d'architecture résidentielle aux nombreuses références historiques. En 1654, Pierre de Beauvais et son épouse, Catherine-Henriette Bellier, femme de chambre d'Anne d'Autriche, achetèrent trois maisons dans la rue François-Miron (l'ancienne rue Saint-Antoine) et demandèrent à l'architecte Antoine Le Pautre de concevoir un somptueux hôtel sur un terrain de forme irrégulière. Les travaux furent achevés le 26 août 1660, à temps pour que la reine Anne d'Autriche, avec Mazarin et Turenne, assiste de ses balcons au cortège qui suivit le mariage de son fils, Louis XIV, avec Marie-Thérèse, l'infante d'Espagne[2]. L'hôtel devint ensuite la résidence d'un certain nombre de diplomates et de financiers célèbres, avant d'être acquis par la Ville de Paris en 1943. Il est actuellement en cours de restauration.

Lors de sa première visite à l'hôtel de Beauvais, en août 1900, Atget photographie la façade, qui conserve encore les vestiges de boutiques au rez-de-chaussée, et fait une vue axiale de sa porte d'entrée d'origine (cat. 1.1 et 1.2). Deux ans plus tard, *p. 184* dans un groupe étroitement apparenté de quinze vues, probablement prises en deux jours, il photographie la porte d'entrée, la cour et le vestibule[3]. Il réalise une succession de six clichés dans lesquels, repartant de sa vue axiale de 1900, il passe dans la cour, fait demi-tour et revient vers l'entrée. La position de l'appareil pour les images cataloguées 1.7 et 1.8 est pratiquement identique et marque l'endroit où *p. 54, 185* le photographe le fait pivoter. A l'intérieur du vestibule, avec son élégant escalier en pierre décoré de paires de colonnes corinthiennes et d'un relief sculpté de Martin Desjardins, il place son appareil à l'extrémité la plus éloignée et, en le décalant peu à peu latéralement, prend quatre clichés successifs centrés sur le vocabulaire architectural formel (cat. 1.11-1.14) et sur la perception de l'espace intérieur *p. 56* (cat. 1.12 et 1.13). Il fait ses trois dernières vues en gravissant peu à peu l'escalier.

2. Marquis de Rochegude, *Guide pratique à travers le vieux Paris : maisons historiques ou curieuses, anciens hôtels, pouvant être visités en trente-trois itinéraires détaillés*, Paris, Hachette, 1903, 2⁰ éd., p. 83.

3. Si l'on peut déterminer l'ordre des images pour chaque élément (la porte d'entrée, la cour et le vestibule), l'ordre global demeure incertain. Il est ainsi impossible d'affirmer catégoriquement qu'Atget photographia la porte en premier.

1.2 **Hôtel de Beauvais, entrée,** août 1900

1.3 **Hôtel de Beauvais, porte cochère,** 1902

1.5 **Hôtel de Beauvais, la cour vue du porche,** 1902

1.7 **Hôtel de Beauvais, cour, entrée de l'escalier secondaire,** 1902

1.9 **Hôtel de Beauvais, coin de la cour à gauche du porche,** 1902

1.11 **Hôtel de Beauvais, vestibule du grand escalier,** 1902

1.12 **Hôtel de Beauvais, premières marches du grand escalier,** 1902

1.13 **Hôtel de Beauvais, vestibule du grand escalier,** 1902

1.14 **Hôtel de Beauvais, début du grand escalier avec niche,** 1902

1.15 **Hôtel de Beauvais, première volée du grand escalier,** 1902

2. Hôtel de Ranes et rue Visconti, VIᵉ arrondissement, 1910

Dans le cadre de sa série «Topographie du vieux Paris», Atget prend vingt-quatre photographies dans la rue Visconti, une voie relativement courte et étroite située entre les rues de Seine et Bonaparte. A la différence de ses documents sur l'hôtel de Beauvais, où il traite l'édifice dans une large mesure indépendamment de sa relation avec la rue, il intègre la paisible cour de l'hôtel de Ranes[4] à son étude de la rue Visconti.

Il prend donc successivement quatre photographies de la cour, suivant sa méthode habituelle – des clichés liés entre eux, orientés vers l'intérieur, vers les alentours, puis qui reviennent vers la rue (cat. 2.2-2.5) –, ainsi que cinq vues à par- *p. 184, 60-61* tir du porche d'entrée (cat. 2.1, 2.2 et 2.6-2.8). Deux de ces vues montrent la porte *p. 184, 62-63* cochère qui marque l'entrée officielle de l'hôtel (cat. 2.1 et 2.2). Les trois autres *p. 184* décrivent la rue telle qu'on la voit depuis le porche d'entrée. Atget prend son premier cliché en regardant en diagonale à travers la rue étroite, en direction de la cour partiellement apparente au numéro 24 (cat. 2.6), puis, en ne changeant que *p. 184* légèrement la place et le cadrage de son appareil, le deuxième en direction de la rue Bonaparte (cat. 2.7). Après avoir déplacé son appareil à environ un mètre de la *p. 62* porte cochère, il prend sa troisième vue en regardant le long de la rue de Seine (cat. 2.8). Dans ce groupe, il adopte deux points de vue différents – correspondant *p. 63* aux perspectives du propriétaire et du piéton – afin d'examiner comment les sphères publique et privée se rencontrent et agissent l'une sur l'autre dans l'espace de transition qu'est l'entrée de l'hôtel.

4. Dans son *Guide pratique à travers le vieux Paris*, Roche- gude affirme que Racine est mort dans l'hôtel de Ranes en 1699, erreur corrigée dans les éditions suivantes. En réalité, Racine mourut au 24 de la rue Visconti, où il était locataire depuis 1692.

2.1 **Hôtel de Ranes, 21, rue Visconti, porche d'entrée**, 1910

2.4 **Hôtel de Ranes, 21, rue Visconti, cour, revers de la façade,** 1910

2.5 **Hôtel de Ranes, 21, rue Visconti, porte d'entrée sur la cour,** 1910

24, rue Visconti, vers la rue Bonaparte, 1910

2.8 **22, rue Visconti, vers la rue de Seine,** 1910

3. Rue du Parc-Royal, rue de Sévigné et rue de Jarente, IIIe et IVe arrondissements, 1911

En menant à bien son imposante étude intitulée «Topographie du vieux Paris», Atget consacre habituellement son travail à un groupe de rues relativement restreint, accumulant petit à petit sa documentation. Il adopte une méthode souple, se laissant guider tant dans sa démarche que dans ses choix par le temps qu'il fait et par la lumière.

En 1911, par exemple, il se concentre sur les rues des environs de la Bibliothèque historique de la Ville de Paris et du musée Carnavalet, alors situés respectivement au 29 et au 23 de la rue de Sévigné. Par un après-midi ensoleillé, il prend des photographies du côté nord, éclairé, de la rue Parc-Royal et du côté est de la rue de Sévigné, et omet totalement tous les bâtiments du côté opposé de ces rues (à l'ombre)[5]. Il arrête son travail à l'endroit où l'alignement de la rue de Sévigné change et où le soleil serait tombé directement dans son objectif (cat. 3.8). Lorsqu'il y revient, le soleil n'est plus un facteur déterminant, et les rues scintillent encore après la pluie. On ne sait pas s'il a délibérément attendu que le temps soit couvert pour poursuivre son travail de documentation ou s'il a simplement accepté ces conditions, mais elles modifient complètement sa façon de travailler. Il se limite au carrefour de la rue de Jarente et de la rue de Sévigné et, à partir de trois positions distinctes de son appareil, fait six clichés. Trois d'entre eux sont consacrés à des bâtiments ayant des références historiques, dont deux, sur le côté ouest de la rue de Sévigné, auraient été extrêmement difficiles à photographier par un après-midi ensoleillé (cat. 3.9 et 3.10). Les trois autres vues, qui se recoupent, forment un panorama de 90°, vers l'est dans la rue de Jarente et vers le sud dans la rue de Sévigné (cat. 3.11-3.13). Lorsqu'il reprend son travail, par un autre après-midi ensoleillé, il poursuit à partir de l'endroit où il s'était arrêté. Il avance dans la rue de Jarente, dont on voit qu'elle vient de subir une averse, en ne photographiant que le côté nord de la rue (cat. 3.15-3.20)[6]. Il est impossible de dire si cette succession de vingt vues[7] représente trois journées consécutives ou simplement des conditions météorologiques et de lumière différentes sur une période plus courte, ou éventuellement plus longue ; elle montre néanmoins à quel point les documents d'Atget reflètent les conditions extérieures.

p. 67
p. 187
p. 68
p. 69, 187

5. Atget a auparavant pris des clichés des côtés opposés de ces rues. Dans le cadre de sa série «Topograhie du vieux Paris», il photographie le côté sud de la rue du Parc-Royal en 1907 (nos 61-63 de la série), juste avant la démolition des maisons entre la rue de Sévigné et la rue Payenne. En 1898, 1905 et 1909, il prend de nombreuses vues de l'extérieur de la Bibliothèque historique de la Ville de Paris et du musée Carnavalet, tous deux situés du côté ouest de la rue de Sévigné. De même, il pourrait également avoir omis l'hôtel du 4, rue du Parc-Royal de son étude de 1911 simplement parce qu'il l'avait déjà photographié en 1900 et en 1907 (nos 4250 et 5444 de la série «L'art dans le vieux Paris»).
6. Les numéros de négatif suivants, qui comprennent des vues faites dans la rue des Tournelles par un jour couvert, confirment que le travail de la journée se termine par cat. 3.20.
7. Dans cette série, le no 1146 est «Terre-plein au Pont-Neuf» (cat. 5.7), tandis que le no 1147 est «Vieille boutique, 8 rue Volta, 3e arr. ».

3.1 **Hôtel de Vigny, 10, rue du Parc-Royal, IIIᵉ**, 1911

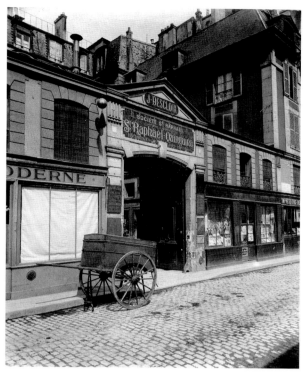

3.2 **Hôtel Graux Marly, 8, rue du Parc-Royal, IIIᵉ**, 1911

3.3 **Vieille maison et boutiques, 2, rue du Parc-Royal, IIIᵉ**, 1911

3.4 **Hôtel de Joncquières, 48, rue de Sévigné, IIIe**, 1911

3.5 **Hôtel de Joncquières, 46, rue de Sévigné, IIIe**, 1911

3.6 **Hôtel, 40, rue de Sévigné, IIIe**, 1911

3.7 **Porche de l'hôtel, 40, rue de Sévigné, IIIe**, 1911

3.8 **22–28, rue de Sévigné, IVᵉ**, 1911

3.11 **Rue de Jarente, de la rue de Sévigné, IVᵉ**, 1911

3.12 **Rue de Sévigné, du coin de la rue de Jarente vers l'église Saint-Paul, IVᵉ**, 1911

3.13 **Rue de Sévigné côté pair, à l'angle de la rue de Jarente, vers la rue Saint-Antoine, IVᵉ**, 1911

3.14 **Hôtel, 12, rue de Sévigné, IVᵉ**, 1911

3.15 **Façades sud des maisons de la rue de Jarente vers la rue de Turenne, IVᵉ,** 1911

3.16 **Vieille maison, 6, rue de Jarente, IVᵉ,** 1911

3.17 **4, rue de Jarente, de la rue Caron, IVᵉ,** 1911

3.18 **Cour, 4, rue de Jarente, IVᵉ,** 1911

4. Intersection des rues de l'Abbaye, Cardinale, de l'Echaudé, du passage de la Petite-Boucherie et de la rue Bourbon-le-Château, VIe arrondissement, 1910

**4.1 Rue de l'Abbaye,
vers le passage de la Petite-Boucherie,
avec l'angle de la rue de Furstemberg,** 1910

En 1910, dans le cadre de la série «Topographie du vieux Paris», Atget adopte une démarche particulière pour photographier l'espace urbain complexe créé par l'intersection de cinq rues derrière l'église Saint-Germain-des-Prés. Il utilise comme point de repère l'Epicerie de l'Abbaye, située au carrefour de la rue Cardinale, de la rue de l'Echaudé et de la rue de l'Abbaye, et construit une série de dix images apparentées, à la fois de ce bâtiment et depuis celui-ci. Dans cette série, il réalise deux types de clichés : certains sont pris dans les rues qui convergent, avec la boutique au loin (cat. 4.1, 4.2 et 4.4-4.8), tandis que d'autres sont pris du point de vue *p. 186.73.74* de la boutique elle-même, en direction de ces mêmes rues (cat. 4.3, 4.9 et 4.10). *p. 72.76-77* En photographiant cette intersection, il la restitue comme un espace de transition où le piéton change de direction. Il fait des paires de vues aux bords du carrefour qui, séparées l'une de l'autre de quelques mètres seulement, rendent le caractère dynamique et changeant de cet espace (cat. 4.7 et 4.8, 4.9 et 4.10). *p. 74-77*

S'il est difficile de reconstituer la succession des vues avec une absolue certitude, il semblerait qu'Atget effectue ce travail en deux occasions séparées[8]. Il prend les photographies dans la rue de l'Abbaye, la rue Cardinale et le passage de la Petite-Boucherie par un après-midi ensoleillé (cat. 4.1-4.5), et celles de la rue de *p. 72.186* l'Echaudé, de la rue Bourbon-le-Château, ainsi que les deux clichés de l'étal de légumes par temps couvert (cat. 4.6-4.10). *p. 73-77*

8. Dans le cadre des photographies prises durant l'après-midi ensoleillé, Atget fait trois clichés de la rue de Furstemberg (n°s 988-990 de la série « Topographie du vieux Paris »), et peut-être une vue de la rue de l'Abbaye (n° 995) ; le jour couvert, il prend deux vues de la rue de l'Echaudé (n°s 996-997).

4.2 **Epicerie de l'Abbaye, au carrefour des rues de l'Abbaye, Cardinale, de l'Echaudé et du passage de la Petite-Boucherie,** 1910

4.3 **Rue Cardinale,** 1910

4.6 Rue Bourbon-le-Château, vers les rues de l'Echaudé et Cardinale, 1910

4.7 **Epicerie de l'Abbaye, coin des rues de l'Abbaye et de l'Echaudé,** 1910

4.8 **Coin des rues de l'Abbaye et de l'Echaudé,** 1910

4.9 Rue Cardinale, vers le passage de la Petite-Boucherie à l'angle de la rue de l'Abbaye, 1910

4.10 **Ancien palais abbatial de Saint-Germain-des-Prés, 3, rue de l'Abbaye, vu de l'Épicerie de l'Abbaye,** 1910

5. Les quais autour du Pont-Neuf, Iᵉʳ et VIᵉ arrondissements, 1911-1912

A la différence des sections précédentes, qui abordent des groupes de photographies probablement prises en l'espace d'un seul jour ou à quelques jours l'une de l'autre, les vingt-deux photographies des quais autour du Pont-Neuf ont été prises sur une période de deux ans dans le cadre d'une vaste étude[9]. Les images de la rive gauche du fleuve et de l'île de la Cité datent de 1911, et celles du port du Louvre et du quai de la Mégisserie de 1911 et de 1912.

Atget centre ses deux premières images sur un peintre debout sur l'écluse de la Monnaie, sous le Pont-Neuf (cat. 5.1 et 5.2). Il aurait délibérément choisi ce point *p. 80* de vue parce que ce dernier lui permettait d'évoquer la multiplicité des activités qui se déroulaient simultanément sur le fleuve, les quais et le Pont-Neuf. Dans ses vues suivantes, il adapte bon nombre des procédés de la série «Topographie du vieux Paris» : il prend des clichés qui, des rives opposées, représentent le même espace (cat. 5.2 et 5.3); il construit une succession de six vues qui progressent de façon sys- *p. 80-81* tématique autour des berges du Vert-Galant (cat. 5.4-5.9)[10]; et il se place sous le *p. 82-87* Pont-Neuf pour prendre deux vues dans des directions opposées, qui situent le pont en relation avec le pont des Arts et le pont au Change (cat. 5.10 et 5.11). *p. 88-89*

En travaillant sur la rive droite, Atget préfère le soleil de l'après-midi qui, tombant à travers les branches surplombantes, crée un effet pommelé sur le trottoir en pierre. En photographiant le Pont-Neuf, il commence par deux clichés du quai de la Mégisserie (cat. 5.12 et 5.13). Dans une succession de vues qui débute à l'ouest *p. 90-91* du pont des Arts, il s'approche du Pont-Neuf, mais exclut le secteur juste à l'ouest du pont car les arbres plantés densément le rendent trop sombre pour être photographié (cat. 5.14-5.17). Il revient à l'automne, lorsque la végétation lui permet de *p. 92-95* faire quatre vues qui se chevauchent (cat. 5.18-5.21). Au cours de cette même jour- *p. 96* née, il reprend les vues plus anciennes du quai de la Mégisserie depuis des points de vue analogues (*cf.* cat. 5.12 et 5.23). *p. 90, 98*

Si Atget se préoccupe avant tout de décrire les quais comme un espace de travail en tant que tel, entre le niveau supérieur de la rue (signalé à plusieurs reprises par les rampes en pierre et les marches) et le fleuve, il n'ignore pas non plus les dimensions mythiques qu'ont le fleuve et ce pont au cœur de la ville.

9. Si Atget photographie les ponts, quais et ports de la Seine tout au long de sa carrière, il y travaille plus intensivement entre 1911 et 1913. En commençant par le quai de Montebello, il avance systématiquement vers l'ouest sur la rive droite du fleuve, jusqu'au pont Royal, ajoutant à chaque fois de deux à huit images à cette série. Arrivé au pont Royal, il traverse le fleuve et travaille sur la rive droite jusqu'au pont de Sully, mais de manière moins systématique. En 1913, il ajoute quatre images du port de l'Hôtel de Ville et dix-sept vues des quais des deux côtés du fleuve entre le pont Royal et le pont des Invalides. Peut-être destine-t-il à l'origine ce groupe de photographies à un album semblable à ceux qu'il a vendus à la Bibliothèque nationale mais est-il empêché d'achever ce projet à cause de la guerre ; voir Hambourg, thèse citée, p. 216.

10. Les trois premières (nᵒˢ 273-275), avec peut-être la nᵒ 1146 de la série «Topographie du vieux Paris», ont été prises par temps couvert, tandis que les quatre dernières (nᵒˢ 280-283) ont été réalisées par un bel après-midi.

5.1 **Pont-Neuf, près de l'écluse de la Monnaie, VIᵉ**, 1911

5.2 **Pont-Neuf, de l'écluse de la Monnaie, VIᵉ**, 1911

5.3 **Pont-Neuf, des berges du Vert-Galant vers le quai de Conti, I**er**, 1911**

5.4 Berges du Vert-Galant côté nord, vers le pont des Arts, Ier, 1911

5.5 **Berges du Vert-Galant côté nord, vers le Pont-Neuf, Ier, 1911**

5.6 **Berges du Vert-Galant côté sud, vers le Pont-Neuf, Ier, 1911**

5.7 **Près de l'entrée du jardin du Vert-Galant, vers le quai de Conti, Ier**, 1911

5.8 **Berges du Vert-Galant côté sud, vers le Pont-Neuf, Ier, 1911**

5.9 **Berges du Vert-Galant côté sud, vers le pont des Arts, Ier**, 1911

5.10 **Sous le Pont-Neuf, côté nord des berges du Vert-Galant, vers le pont des Arts, Ier, 1911**

5.11 **Sous le Pont-Neuf, côté quai de l'Horloge, vers le pont au Change, Ier, 1911**

5.12 **Port de la Mégisserie, vers le Pont-Neuf, Iᵉʳ, 1911**

5.13 **Port de la Mégisserie, vers le pont au Change, Ier, 1911**

5.14 **Port du Louvre, vers le pont des Arts, Ier, 1911**

5.15 **Port du Louvre, près du pont des Arts, vers le Pont-Neuf, Ier, 1911**

5.16 **Port du Louvre, vers le Pont-Neuf, I**er**, 1911**

5.17 **Port du Louvre, vers le Pont-Neuf, Ier, 1911**

5.18 **Port du Louvre, vers le Pont-Neuf, Ier, 1912**

5.19 **Port du Louvre, vers le pont des Arts, Ier, 1912**

5.20 **Port du Louvre, près du Pont-Neuf,
vers le quai de la Mégisserie, Ier, 1912**

5.21 **Port du Louvre, près du Pont-Neuf,
vers le pont des Arts, Ier, 1912**

5.22 **Port de la Mégisserie, vers le pont au Change, Ier, 1912**

5.23 **Port de la Mégisserie, vers le Pont-Neuf, Ier, 1912**

5.24 **Port de la Mégisserie, vers le pont au Change, Ier**, 1912

6. Place Bernard-Halpern (nom actuel), V^e arrondissement, 1898-1924

Par un jour pluvieux de mai 1898, Atget photographie le clocher de l'église Saint-Médard depuis la calme place que forme l'intersection des rues des Patriarches, Daubenton et du Marché-des-Patriarches (cat. 6.1), dénommée depuis 1985 place Bernard-Halpern. Pour cette image de la série «Paris pittoresque», il utilise un objectif grand angle pour décrire l'espace de cette place publique et pour produire une image évocatrice dans laquelle la tour de l'église fonctionne comme un point de repère essentiel dans le quartier. S'il revient à cette place à différents moments tout au long de sa carrière – il photographie ainsi les rues environnantes en 1909 et en 1914 dans le cadre de sa série «Topographie du vieux Paris» –, il reprend spécifiquement cette vue vingt-cinq ans plus tard, à la fin de l'automne de 1923 et à l'été de 1924. L'arbre frêle que l'on voit au centre de sa vue de 1898 est maintenant parvenu à maturité. Dans les deux vues de 1923, il utilise les silhouettes assombries des réverbères et des arbres de la place pour structurer l'espace et encadrer le clocher qu'on voit au loin (cat. 6.2 et 6.3). Dans la vue de 1924, l'unique arbre avec *p. 102* son abondant feuillage surplombant la scène, ajouté à l'effet de vignette de l'objectif, souligne le caractère isolé de cette place tranquille (cat. 6.4). En plaçant son *p. 103* appareil de sorte que la tour soit constamment encadrée par les arbres du premier plan, Atget construit à chaque fois une image qui accentue les qualités pittoresques de ce site.

6.1 **Place Bernard-Halpern (nom actuel), vers la rue Daubenton et l'église Saint-Médard, V^e,** mai 1898

6.2 **Place Bernard-Halpern (nom actuel), vers la rue Daubenton et l'église Saint-Médard, V^e,** 1923

6.3 **Place Bernard-Halpern (nom actuel), vers la rue Daubenton et l'église Saint-Médard, V^e,** 1923

6.4 **Place Bernard-Halpern (nom actuel), vers la rue Daubenton et l'église Saint-Médard, V^e**, 1924

7. Eglise Saint-Séverin, Vᵉ arrondissement, 1898-1923

Saint-Séverin, à l'origine une modeste église paroissiale, fut reconstruite au XIIIᵉ siècle, puis agrandie au milieu du XIVᵉ siècle. Après un grave incendie aux alentours de 1448, l'église fut rebâtie pour une large part dans sa forme actuelle dans la seconde moitié du XVᵉ siècle ; de l'édifice d'origine, seuls subsistent certains éléments de la façade, le clocher et les trois premières travées de la nef centrale. Le vaste intérieur (50 mètres de long, 34 mètres de large) consiste en cinq nefs avec une rangée de chapelles extérieures et en un double déambulatoire entouré de neuf chapelles rayonnantes. Au sud de l'église se trouve le cimetière, entouré d'un cloître qui servait d'ossuaire à l'église. Cet édifice inhabituel, le seul exemple qui survive à Paris, fut presque entièrement reconstruit lors de sa restauration dans les années 1920. L'église et son cloître sont bordés par la rue des Prêtres-Saint-Séverin à l'ouest, par la rue Saint-Séverin au nord, la rue Saint-Jacques à l'est et la rue de la Parcheminerie au sud.

Atget fait au moins quatre-vingt-quatorze clichés de l'église et des rues voisines, à partir de 1898 et jusqu'en 1923 [11]. Il prend non seulement de nombreuses photographies de l'église elle-même – l'extérieur, l'intérieur, le toit et le jardin –, mais aussi de son environnement immédiat. Puis il revient à plusieurs reprises sur une période de près de vingt ans, en particulier lors de la destruction des bâtiments et de l'élargissement des rues étroites qui bordent l'église. A la différence des sites étudiés précédemment, où la documentation d'Atget se limite à un nombre d'images relativement restreint, le traitement beaucoup plus exhaustif qu'il réserve à Saint-Séverin illustre un intérêt profond pour le caractère de ce quartier.

Si son sujet avait été simplement l'église et les rues voisines, il aurait achevé sa documentation dès 1903. Mais il semble s'être intéressé à la relation intime entre les éléments de l'architecture et ceux de l'espace urbain. En 1902, lorsque est démoli le kiosque à journaux qui jouxte l'extrémité est de l'église dans la rue Saint-Jacques, il comprend que, si l'église elle-même reste intacte, son cadre est irrémédiablement changé. En examinant la succession de photographies qu'il prend, et en notant la persévérance avec laquelle il suit et trace le cours du renouveau urbain, on voit comment Atget développe sa méthode, qui consiste à reprendre des vues plus anciennes et à élaborer un dossier comparatif sur la transformation du quartier au fil du temps.

p. 113, 177 En 1898 et en 1923, Atget réalise des clichés de la façade ouest de Saint-Séverin pratiquement à la même place (cat. 7.11 et 7.96). Ces deux photographies marquent l'ampleur de son étude et symbolisent de manière poignante la signification de son projet : dans l'image plus ancienne, les bâtiments de la ruelle étroite et sinueuse encadrent de façon pittoresque la façade de l'église au sein d'un contexte urbain ; dans la seconde vue, il utilise le format horizontal de l'appareil pour montrer comment la démolition de ces mêmes bâtiments et le redressement de la rue ont maintenant isolé l'église. Compte tenu de l'engagement total d'Atget dans son entreprise de documentation, il n'est pas du tout étonnant qu'il ait choisi ce site lorsqu'il écrivit à Paul Léon, en 1920, pour souligner le caractère exhaustif et la valeur historique de son travail de photographe.

11. Seules les photographies de l'église et des rues qui la bordent directement sont incluses dans ce décompte.

L'étude de l'église Saint-Séverin est subdivisée en sept sections

I. Premières vues de Saint-Séverin et des environs, 1898-1903 (7.1 à 7.20)

Lorsque Atget photographie pour la première fois l'église Saint-Séverin, en 1898, il ne peut réaliser des photographies architecturales conventionnelles de cet édifice ecclésiastique. Les rues étroites et les immeubles qui empiètent sur la chaussée l'empêchent de choisir un point de vue unique d'où étudier l'édifice tout entier. Si bien qu'il adopte une autre statégie, plus en accord avec sa démarche habituelle. En se déplaçant autour de l'église, il prend quatre clichés qui soulignent la place de Saint-Séverin au sein d'un contexte urbain pittoresque (cat. 7.1-7.4). Au cours des *p. 108, 190* quatre années suivantes, il revient dans le quartier en neuf occasions au moins et, dans des vues isolées ou dans de petits groupes de vues, couvre d'autres aspects de l'extérieur de l'église, notamment le jardin du presbytère (cat. 7.8-7.10). En même *p. 191* temps, il photographie le quartier d'une manière qui semble décousue, en prenant souvent des clichés qui se recoupent depuis les extrémités opposées de la même rue (par exemple, cat. 7.6 et 7.18). *p. 110-111*

7.1 **Rue des Prêtres-Saint-Séverin, vers l'église**, 1898

7.2 **Rue Saint-Séverin, de la rue Saint-Jacques vers l'église,** 1898

7.5 **Portail principal de l'église Saint-Séverin, rue des Prêtres-Saint-Séverin,** 1898

7.6 **Rue de la Parcheminerie, vers la rue Saint-Jacques**, 1899

7.18 Rue de la Parcheminerie, de la rue Saint-Jacques, 1903

7.7 **Impasse Salembrière, de la rue Saint-Séverin,** 1899

7.11 **Rue des Prêtres-Saint-Séverin, vers l'église,** 1899

7.13 **Rue des Prêtres-Saint-Séverin, vers la rue Boutebrie et le musée de Cluny,** 1899

7.14 Rue Saint-Jacques, murs d'immeubles occultant l'abside de l'église Saint-Séverin, août 1899

7.15 **Rue Saint-Jacques, de la rue Galande vers l'église Saint-Séverin,** 1899-1900

7.16 **Rue Saint-Jacques après la démolition des boutiques adossées à l'abside de l'église Saint-Séverin,** 1902

II. Documents sur l'intérieur, le toit, le cloître et le bâtiment appelé « ancien charnier » de Saint-Séverin, 1903 (7.21 à 7.41)

En 1903, Atget se concentre sur l'église elle-même. Pour photographier l'intérieur, il choisit un jour gris et, évitant les vues axiales traditionnelles, fait des clichés qui se recoupent depuis les extrémités opposées de la nef centrale (cat. 7.21 et 7.28). Il [p. 125] construit également une suite de six vues liées entre elles, qui commencent au portail Saint-Martin, situé à l'angle nord-ouest de l'église. Il progresse dans la nef la plus au nord, travaille dans le déambulatoire, et termine par une vue vers l'entrée de l'église à travers les bas-côtés sud (cat. 7.22-7.27). Au cours de cette année-là, il [p. 120-124] rephotographie aussi l'espace du jardin du presbytère (cat. 7.34-7.37) et l'intérieur [p. 192, 132-13] de l'« ancien charnier », démoli par la suite (cat. 7.38 et 7.39). En outre, il gravit l'es- [p. 192-193] calier étroit du clocher et prend cinq clichés depuis le toit. Il prend également deux photographies de l'enfilade d'arcs-boutants, sur le flanc nord de l'église, vue d'au-dessous et de légèrement au-dessus (cat. 7.29 et 7.30). Lors de cette même visite, il [p. 127-128] transporte son matériel à l'extrémité est du toit de l'église, au-dessus du déambulatoire, et, de trois positions très proches, prend une autre série de photographies d'arcs-boutants se détachant sur les toits des maisons alentour (cat. 7.31-7.33). [p. 129-131] Atget n'a pratiquement jamais photographié en se plaçant ainsi sur le toit d'un bâtiment. Il préférait décrire les édifices du point de vue du piéton, au niveau de la rue.

7.21 **Nef de l'église Saint-Séverin, vers le chœur,** 1903

7.22 **Bas-côté gauche de l'église Saint-Séverin, vers le déambulatoire,** 1903

7.23 **Bas-côté gauche de l'église Saint-Séverin, vers le déambulatoire,** 1903

7.24 **Bas-côté gauche de l'église Saint-Séverin, vers le déambulatoire,** 1903

7.25 **Déambulatoire de l'église Saint-Séverin**, 1903

7.26 **Déambulatoire de l'église Saint-Séverin,** 1903

7.27 **Déambulatoire et bas-côté droit de l'église Saint-Séverin,** 1903

7.28 **Nef de l'église Saint-Séverin, du chœur vers le grand orgue,** 1903

7.29 **Arcs-boutants, côté nord de l'église Saint-Séverin,** 1903

7.30 **Arcs-boutants, niveau supérieur de l'église Saint-Séverin, 1903**

7.31 **Arc-boutant au-dessus du déambulatoire de l'église Saint-Séverin**, 1903

7.32 **Arcs-boutants au-dessus de l'abside de l'église Saint-Séverin**, 1903

7.33 **Eglise Saint-Séverin, toits des chapelles rayonnantes et maisons de la rue Saint-Jacques,** 1903

7.35 **Jardin du presbytère et côté sud de l'église Saint-Séverin**, 1903

7.36 Jardin du presbytère, ancien cloître de l'église Saint-Séverin, 1903

7.37 Ancien cloître de l'église Saint-Séverin, entrée du bâtiment appelé « ancien charnier », 1903

III. Documents sur l'église Saint-Séverin et les rues voisines, 1905-1906 (7.42 à 7.49)

Lorsque Atget revient à Saint-Séverin, en 1905-1906, il ajoute des vues inédites à
son dossier, notamment celles de l'extérieur du portail Saint-Martin (cat. 7.43-7.45),   *p. 138, 192*
de la rampe en fer de la tribune d'orgue (cat. 7.48), et de la cour du presbytère   *p. 193*
(cat. 7.46 et 7.47). Rompant avec ses habitudes, et peut-être mécontent de la qua-   *p. 139*
lité médiocre de son négatif de 1903 (cat. 7.41), il reprend la vue de la rue Saint-   *p. 193*
Séverin (cat. 7.43). Dans cette vue plus tardive, la lumière douce de l'après-midi lui   *p. 138*
permet de décrire le côté nord de l'église, avec sa succession de gargouilles.

7.42 **Impasse Salembrière,** 1905-1906

7.43 **Entrée de l'église rue Saint-Séverin, à l'angle de la rue des Prêtres-Saint-Séverin, vers la rue Saint-Jacques,** 1905-1906

7.44 **Portail Saint-Martin de l'église Saint-Séverin, à l'angle de la rue des Prêtres-Saint-Séverin et de la rue Saint-Séverin,** 1905-1906

7.46 **Cour du presbytère de l'église Saint-Séverin,** 1905-1906

7.47 **Cour du presbytère de l'église Saint-Séverin,** 1905-1906

IV. Elargissement de la rue Saint-Jacques, 1908 (7.50 à 7.53)

Par un jour couvert de février 1908, Atget revient à Saint-Séverin pour photographier la démolition des maisons et l'élargissement de la rue du Petit-Pont et de la
rue Saint-Jacques, puis l'élargissement de la rue de la Parcheminerie et de la rue
des Prêtres-Saint-Séverin en 1913. De 1908 à 1914 (voir section VI p. 152), il sui-
vra toutes ces transformations. De l'angle sud-est de la rue Galande, il prend deux
clichés, l'un vers le nord, montrant la rue du Petit-Pont (cat. 7.53), et un second *p. 143*
vers le sud, montrant la rue Saint-Jacques (cat. 7.52). Avec cette dernière photo- *p. 142*
graphie, il reproduit sa vue de 1902 (cat. 7.16). Le même jour, il prend également *p. 117*
deux photographies étroitement apparentées depuis la rue de la Parcheminerie,
toutes deux vers le nord en direction de l'église et dans la même portion de la rue
Saint-Jacques (cat. 7.50 et 7.51). *p. 194*

7.51 Rue Saint-Jacques après la démolition des maisons longeant le cloître de l'église Saint-Séverin, février 1908

7.52 Rue Saint-Jacques après la démolition des maisons longeant le cloître de l'église Saint-Séverin, de la rue Galande, février 1908

7·53 **Rue du Petit-Pont après la démolition des maisons, de la rue Galande,** février 1908

V. Documents sur la rue des Prêtres-Saint-Séverin, 1912 (7.54 à 7.65)

**7.54 Rue de la Parcheminerie,
vers la rue de la Harpe,** 1912

Sachant que les maisons de la rue des Prêtres-Saint-Séverin, entre l'église et la rue de la Parcheminerie, doivent être démolies pour qu'on puisse élargir et redresser la rue, Atget leur consacre onze photographies de sa série «Topographie du vieux Paris» en 1912. Parce que le caractère intime et pittoresque de cette portion de rue va irrémédiablement disparaître, il travaille intensément, de façon quasi obsessionnelle, à accumuler les prises de vue. Il fait quatre clichés au carrefour des rues Boutebrie, de la Parcheminerie et des Prêtres-Saint-Séverin, montrant la perspective de chacune de ces rues (cat. 7.54, 7.56, 7.57 et 7.64). Comme à son habitude, p. 194, 146, 1 Atget cherche à restituer la vision du piéton qui parcourt la rue des Prêtres-Saint-Séverin. Il construit donc deux séquences de vues que l'on peut raccorder. L'une, qui consiste en cinq vues, commence rue Boutebrie, croise la rue de la Parcheminerie et se poursuit dans la rue des Prêtres-Saint-Séverin vers l'église (cat. 7.56, p. 194 7.58-7.61), tandis que la seconde, composée de trois vues seulement, couvre la p. 194, 147-1 même portion de rue, mais en revenant en arrière, en direction de la rue Boutebrie (cat. 7.62-7.64). Dans le cadre de ces deux séries, Atget prend deux fois deux p. 150-151 photographies qui se recoupent. Chaque paire couvre la même portion de la rue des Prêtres-Saint-Séverin, mais depuis les côtés et les extrémités opposés de la rue (cat. 7.60 et 7.61, 7.62 et 7.63). p. 148-150

Atget fait également une vue unique depuis l'angle de la rue de la Parcheminerie et de la rue Saint-Jacques, vers le nord, à partir d'un emplacement très proche de celui qu'il avait choisi en 1908 (cat. 7.65; *cf.* 7.51). Cette dernière photographie p. 151, 141 montre les boutiques provisoires qui ont surgi dans les quatre années qui se sont écoulées et qui seront détruites en 1913.

7.55 **Ancienne entrée du presbytère de l'église Saint-Séverin, 12, rue de la Parcheminerie, 1912**

7.57 **Rue de la Parcheminerie, vers la rue Saint-Jacques,** 1912

7.59 **Rue des Prêtres-Saint-Séverin, vieille maison du n° 3 et presbytère,** 1912

7.60 **Rue des Prêtres-Saint-Séverin, vers l'église, et mur du presbytère,** 1912

7.61 **Rue des Prêtres-Saint-Séverin, vers l'église,** 1912

7.62 **Rue des Prêtres-Saint-Séverin, vers la rue Boutebrie,** 1912

7.63 **Rue des Prêtres-Saint-Séverin, vers la rue Boutebrie,** 1912

7.64 **Rue Boutebrie, de l'angle des rues de la Parcheminerie et des Prêtres-Saint-Séverin vers le musée de Cluny,** 1912

7.65 **Nouvelles boutiques appelées à disparaître le long de la rue Saint-Jacques,** 1912

VI. Documents sur l'élargissement de la rue des Prêtres-Saint-Séverin et de la rue de la Parcheminerie,
mars 1913-août 1914 (7.66 à 7.89)

Une fois commencée la démolition des maisons situées du côté nord de la rue de la Parcheminerie en 1913, Atget interrompt sa série « Topographie du vieux Paris » pour revenir à cette rue en quatre occasions, les 15 mars, 8 avril et 15 août 1913 et en août 1914, afin de suivre la progression des travaux. Lors de sa première visite, il reprend la même vue qu'en 1899 et 1912 – vers le nord, depuis l'angle de la rue de la Parcheminerie, dans la rue des Prêtres-Saint-Séverin en direction de l'église (cat. 7. 67 ; *cf.* 7.11 et 7.58) –, et lors de chacune de ses visites suivantes il rephotographie cette même vue (cat. 7.75 et 7.77). De ce fait, il donne au spectateur un point de repère, et le moyen de comparer. Lors de sa première visite, il s'intéresse de près aussi au chantier de démolition lui-même, qu'il photographie dans trois vues qui se recoupent : deux depuis l'extrémité de la rue Saint-Jacques et une depuis la rue des Prêtres-Saint-Séverin (cat. 7.69-7.71). En outre, il fait trois clichés centrés sur les maisons partiellement démolies autour de l'ancienne allée qui conduisait à l'entrée du presbytère (cat. 7.72-7.74). *p. 154, 113, 19*
p. 160-161

p. 155, 157

p. 158-159

En août 1914, presque tout le pâté de maisons du côté nord de la rue de la Parcheminerie est dégagé, ainsi que les maisons du côté est de la rue des Prêtres-Saint-Séverin. En l'espace d'une journée probablement, Atget prend dix photographies. Il reprend la vue depuis l'angle de la rue de la Parcheminerie (cat. 7.83), mais cette fois associée à une seconde vue, de la rue de la Parcheminerie vers la rue Saint-Jacques (cat. 7.84). Il photographie également cette portion depuis divers emplacements de la rue de la Parcheminerie et depuis la rue Saint-Jacques, dans des vues qui correspondent de près, pour un certain nombre, à celles qu'il avait faites en 1913 (*cf.* par exemple cat. 7.86 et 7.79, ou cat. 7.81 et 7.70). Enfin, sans doute à des fins de comparaison là encore, il reprend son cliché de l'église de 1899 depuis l'angle de la rue Galande (cat. 7.87 ; *cf.* 7.15). *p. 168*

p. 169

p. 197, 163, 1

p. 197, 116

7.72 **Démolitions rue de la Parcheminerie,** 15 mars 1913

7.67 **Carrefour des rues Boutebrie, de la Parcheminerie et des Prêtres-Saint-Séverin, vers l'église,** 15 mars 1913

7.69 **Chantier de démolition rue de la Parcheminerie, vers la rue Saint-Jacques,** 15 mars 1913

7.70 **Démolitions le long de la rue de la Parcheminerie, vers la rue des Prêtres-Saint-Séverin,** 15 mars 1913

7.71 **Démolitions rue de la Parcheminerie, de la rue Saint-Jacques vers la rue des Prêtres-Saint-Séverin,** 15 mars 1913

7.73 **Démolitions rue de la Parcheminerie, près de l'ancienne entrée du presbytère de l'église Saint-Séverin,** 15 mars 1913

7.74 **Démolitions rue de la Parcheminerie,** 15 mars 1913

7.75 **Démolitions rue des Prêtres-Saint-Séverin, vers l'église,**
8 avril 1913

7.76 **Chantier de démolition rue de la Parcheminerie,**
le long de la rue des Prêtres-Saint-Séverin, 8 avril 1913

7.77 Carrefour des rues Boutebrie et des Prêtres-Saint-Séverin, vers le presbytère et l'église, 15 août 1913

7.78 **Chantier de démolition rue de la Parcheminerie, le long de la rue des Prêtres-Saint-Séverin, vers le presbytère et l'église,** 15 août 1913

7.79 **Chantier de démolition rue de la Parcheminerie, le long de la rue des Prêtres-Saint-Séverin, vers la rue Saint-Jacques,** 15 août 1913

7.80 **Démolitions rue Saint-Jacques, à l'angle de la rue de la Parcheminerie, vers l'église Saint-Séverin,** août 1914

7.81 Chantier après la démolition des maisons de la rue de la Parcheminerie, vers la rue des Prêtres-Saint-Séverin, août 1914

7.82 Démolitions rue des Prêtres-Saint-Séverin, face au presbytère de l'église, août 1914

7.83 **Démolitions au carrefour des rues Broutebrie, de la Parcheminerie et des Prêtres-Saint-Séverin, vers le presbytère et l'église,** août 1914

7.84 **Démolitions rue de la Parcheminerie, vers la rue Saint-Jacques,** août 1914

7.88 **Démolitions rue de la Parcheminerie, vers la rue des Prêtres-Saint-Séverin,** août 1914

7.89 **Chantier de démolition rue de la Parcheminerie, le long de la rue Saint-Jacques,** août 1914

7. Vues tardives, 1920-1923 (7.90 à 7.96)

Lorsque Atget revient à Saint-Séverin, après la Première Guerre mondiale, c'est en partie pour mettre à jour son fonds, puisqu'il a vendu pratiquement tous ses négatifs de l'église et du quartier à l'Etat en 1920. A chaque fois, il reprend une vue qu'il avait faite pour la première fois en 1898 ou 1899, et que, dans plusieurs cas, il a refaite entre-temps (*cf.* par exemple, cat. 7.92, 7.13 et 7.64). En revenant à ces *p. 114, 151* mêmes points de vue, il achève dans la cohérence son travail sur Saint-Séverin.

7.92 **Rue Boutebrie, de l'angle des rues de la Parcheminerie et des Prêtres-Saint-Séverin vers le musée de Cluny,** mars 1922

7.93 **Démolition de la maison à l'angle des rues de la Parcheminerie et des Prêtres-Saint-Séverin,** 1922

7.94 Eglise et rue Saint-Séverin, à l'angle de la rue des Prêtres-Saint-Séverin, vers la rue Saint-Jacques, juin 1923

7.95 **Angle des rues Saint-Jacques et Saint-Séverin, de la rue Galande vers l'église,** juin 1923

7.96 **Rue des Prêtres-Saint-Séverin, vers le presbytère et l'église,** juin 1923

Conclusion

La spécificité de cette étude tient à son parti pris : à l'encontre de précédentes publications, qui sélectionnaient parfois un peu arbitrairement des photographies représentatives du travail d'Eugène Atget [1], celle-ci privilégie les séries topographiques telles qu'elles ont été produites par le photographe lui-même. Ainsi, les sept sites étudiés (voir page 48) sont illustrés par *toutes* les photographies connues d'Atget qui s'y rapportent précisément.

Pour appréhender la façon dont Atget envisageait son travail de photographe, il était indispensable de reconstituer minutieusement sa méthode et d'expliquer en quoi cette dernière était déterminée par sa compréhension de la topographie de la ville. De fait, lorsque l'on regroupe les photographies d'un même espace urbain ou d'un ensemble architectural, l'on prend conscience du souci qu'avait Atget d'élucider la nature de son sujet, de la parfaite adéquation entre son *modus operandi* et la complexité de la ville et de son architecture. Quand il avait choisi un espace qu'il souhaitait photographier – un hôtel particulier, un intérieur d'église, un carrefour –, il adoptait le point de vue du visiteur, c'est-à-dire qu'il prenait ses clichés au fur et à mesure qu'il découvrait le lieu de façon à donner à ceux qui regardaient ses photographies la sensation de parcourir l'espace. Chaque cliché rend donc compte précisément de ce qu'il montre tout en contribuant à la description générale du site. Si l'on retire une photographie de la série à laquelle elle appartient, on perd irrémédiablement une partie de sa raison d'être et sa signification intrinsèque.

Par ailleurs, cette façon de procéder permettait à Atget, en définissant un cadre de travail qu'il lui était loisible d'adapter à sa guise, de tenir compte des impératifs commerciaux auxquels il était confronté : il pouvait introduire dans ses séries des détails décoratifs, un élément d'architecture, un balcon en fer forgé par exemple, susceptibles d'intéresser ses clients architectes et artisans. De la sorte, il gérait efficacement ses affaires.

Si l'ensemble de son travail témoigne, tant dans sa démarche que dans ses procédés, d'une indéniable cohérence, Atget n'hésitait cependant pas à adapter son approche afin de tenir compte de la diversité de ses sujets. Ainsi, pour montrer les espaces généralement exigus et confinés des cours, des vestibules et des cages d'escalier, il se contentait de quelques clichés. Pour mettre en perspective une rue, rendre compte de sa relation avec son environnement immédiat – rues transversales, carrefours, cours et passages –, il augmentait considérablement le nombre de ses photographies. Enfin, pour décrire un quartier entier, il s'attachait à restituer non seulement les différents éléments urbains qui le composaient, mais également les relations topographiques qui les reliaient les uns aux autres, ce qui pouvait l'amener à constituer de véritables dossiers historiques, riches de plusieurs dizaines de clichés.

Le travail d'Atget sur un quartier Saint-Séverin alors en pleine transformation, qui s'étendit sur une vingtaine d'années, est à cet égard remarquablement éclairant. Au fil du temps, Atget utilisa différentes méthodes : outre les clichés que, selon son habitude, il réalisa par séries en progressant dans la découverte du site, il choisit également de montrer un même espace sous des angles multiples et depuis des points de vue qui se recoupaient, puis revint à plusieurs années d'intervalle remettre son appareil à la place même qu'il avait adoptée lors de ses précédentes séances pour mettre en évidence la mutation urbaine du quartier.

A la différence de la plupart des photographes d'architecture professionnels, qui s'en tenaient à un ensemble strictement limité de conventions pour s'acquitter de leur tâche, Atget n'a jamais pu suivre aveuglément un système stéréotypé de production d'images comme une fin en soi. Photographe talentueux, indépendant d'esprit – il dit clairement à Berenice Abbott qu'il ne travaille pas à la commande parce que «les gens ne savent pas quoi photographier[2]» – et mu par des motivations très personnelles, il révèle dans son œuvre différents niveaux d'inspiration. Comme il l'écrit dans une lettre à Paul Léon, directeur des Beaux-Arts, en 1920, il s'emploie à produire un ensemble de photographies qui, prises individuellement, ont une réelle signification mais qui participent aussi d'une entité documentaire plus vaste. En outre, on observe dans sa façon de procéder une évolution incontestable, en particulier dans les vues tardives des années 1920, quand il revisite et réinterprète les sites qu'il avait abordés auparavant ou quand il modifie son approche pour tenir compte des conditions atmosphériques, cherchant délibérément des effets de lumière qui transformeront l'apparence d'un lieu.

Appréciée dans son ensemble, l'œuvre d'Atget est considérable non seulement par l'ampleur et la précision de sa documentation, mais encore et surtout par sa singulière faculté à témoigner d'une vision profondément personnelle de la ville.

---

1. Même si les spécialistes ont valorisé d'autres aspects de la pratique professionnelle d'Atget dans leurs ouvrages, ils n'en avaient pas moins conscience de l'importance de la méthode de travail par séries du photographe. Ainsi, pour la partie iconographique de chacun des quatre tomes de *The Work of Atget*, John Szarkowski et Maria Morris Hambourg ont choisi de présenter des photographies isolées de leurs séries. En revanche, dans le commentaire passionnant qui les accompagne, ils mettent en lumière le contexte plus large dans lequel s'inscrivent ces clichés. Il en va de même pour la thèse de doctorat de Maria Morris [Hambourg], «Eugène Atget, 1857-1927 : The Structure of the Work», New York, Columbia University, 1980, p. 187, p. 239, p. 249-261. La seule étude qui traite spécifiquement des séries d'Atget se trouve dans le remarquable article de Ulrich Keller, «The Twilight of the Masterpiece : Photography's Problematic Adaptation to the Art Space», publié en 1987 dans *CMP Bulletin 6*, n° 1, p. 2-12.
2. Berenice Abbott, *The World of Atget*, New York, Horizon, 1964, rééd., New York, Paragon Books, 1979, p. IX.

Catalogue des photographies

Nous publions ici un catalogue illustré complet de toutes les photographies traitées dans les quatre chapitres de cet ouvrage. Dans les notices au bas de chaque image sont données des références techniques permettant son identification :

– La **numérotation** rappelle l'ordre dans la séquence d'images. Si la photographie a été reproduite dans le corps de l'ouvrage en grand format, la page est indiquée en gras. L'absence de mention siginifie que l'œuvre n'est reproduite qu'en petit format dans ce catalogue.
– Un **titre descriptif** est donné en gras.
– La **date** est celle à laquelle Atget a pris son cliché.
– La **technique de tirage** est la suivante : toutes les photographies ont été tirées par Atget à partir de négatifs sur plaque de verre au gélatino-bromure d'argent. Ce sont des tirages à l'albumine en feuille simple, non montés, sauf indication contraire.
– Les **dimensions** sont celles de l'image, du papier photographique (feuille), et, le cas échéant, du montage d'origine ; elles sont données en centimètres, avec la hauteur suivie de la largeur.
– Le terme « **Inscriptions** » est suivi de toutes les annotations de la main d'Atget dont nous avons respecté la graphie, et de divers tampons. Les inscriptions au verso des tirages montés et non montés sont au crayon ; tandis que celles qui sont au recto des tirages montés sont à l'encre noire sous l'image, avec la plupart du temps la signature du photographe « Atget ». Au verso de ses tirages, Atget a inscrit presque systématiquement le lieu de la prise de vue et le numéro qu'il a donné à son négatif.

Les cinq **tampons** rencontrés (quatre tampons d'institutions et celui d'Atget) sont les suivants :
1. tampon MC : tampon ovale bleu ou rouge, « MUSEE/CARNAVALET »
2. tampon BHVP : tampon circulaire à l'encre bleue, « BIBLIOTH·DE·LA·VILLE·DE·PARIS » utilisé par la Bibliothèque historique de la Ville de Paris
3. tampon VP : tampon ovale à l'encre bleue ou rouge, « VILLE/DE/PARIS » utilisé au musée Carnavalet et à la Bibliothèque historique de la Ville de Paris
4. tampon BN : tampon ovale rouge, « BN/EST » utilisé à la Bibliothèque nationale
5. tampon Atget : tampon à l'encre noire, « E. ATGET/Rue Campagne-Première 17bis » ; le numéro de la rue étant souvent illisible Atget l'a parfois rajouté au crayon à côté du tampon

Les **abréviations** suivantes sont utilisées :
h. g. (en haut à gauche),
h. c. (en haut au centre),
h. d. (en haut à droite),
c. g. (au centre à gauche),

c. (au centre),
c. d. (au centre à droite),
b. g. (en bas à gauche),
b. c. (en bas au centre),
b. d. (en bas à droite).

– La mention « **Série** » fait référence au système de classement en séries qu'Atget utilise pour ses négatifs. Chaque nom de série est abrégé comme suit :

AP : « L'art dans le vieux Paris »

PP : « Paris pittoresque »

T : « Topographie du vieux Paris »

Le numéro de négatif d'Atget suit l'abréviation de la série.

– Apparaît ensuite selon le cas, avec la **mention « MH »**, le numéro d'inventaire que porte le négatif d'Atget conservé par le service des archives photographiques de la Médiathèque de l'architecture et du patrimoine. Un premier lot fut acquis en 1920 (numéros MH37421N - MH40020N) et, après la mort d'Atget, un deuxième lot entra en 1927 dans le fonds (numéros MH87000N - MH89000N) ; ces négatifs sont maintenant conservés aux Archives photographiques situées au fort de Saint-Cyr, mais leur diffusion auprès du grand public reste entre les mains de la Caisse nationale des monuments historiques et des sites (CNMHS). Lorsque les Archives photographiques n'ont pas de négatif correspondant à l'image, il est possible que ce soit le Museum of Modern Art de New York qui le possède, mais la liste complète de leur collection n'a pas été publiée, ou que la plaque ait été détruite.

– En dernier lieu figure la mention de la **collection** où se trouve conservée la photographie avec sa cote ou son numéro d'inventaire, ceci dans les quatre collections suivantes :

MC : musée Carnavalet

BHVP : Bibliothèque historique de la Ville de Paris

BN : Bibliothèque nationale de France

APMAP : archives photographiques de la Médiathèque de l'architecture et du patrimoine

Remarque : quelques images étant en mauvais état de conservation, une reproduction moderne d'après le négatif a été utilisée, mais c'est le tirage original qui est décrit dans la notice, sauf pour cat. 7.90 et 7.91 dont aucun tirage d'époque n'a pu être retrouvé.

Illustrations des pages 12 à 47

ill. 1   page 14
Ecuries de l'hôtel de Croy,
6, rue du Regard, VIe, 1902.
17,6 x 22 cm (image);
17,7 x 22 cm (feuille)
Inscriptions. Verso : c. g., *Hôtel Rue du Regard 6 / (6e arr)*; b. g., *4547*
Série : AP 4547. MH38184N
MC Ph. 7687

ill. 2   page 15
Boutique Empire,
21, rue du Faubourg-Saint-Honoré, VIIIe, 1902
Tirage à l'albumine monté
sur carton gris-bleu ;
22,6 x 17,6 cm (image et feuille) ;
31 x 24 cm (montage)
Inscriptions. Recto : b. c., *Boutique Empire 21 F° S¹ Honoré. (1902)*; b. d., *Atget*. Verso : h. d., *4556*
Série : AP 4556. MH38171N
MC Ph. 19546

ill. 3   page 16
Escalier de l'hôtel Sully-Charost,
11, rue du Cherche-Midi, VIe, 1904-1905
22,3 x 17,5 cm (image et feuille)
Inscriptions. Verso : h. c., *Hôtel Sully charost Rue / du cherche Midi 11 / 6e* ; h. d., *4958*
Série : AP 4958. MH38914N
MC Ph. 7666

ill. 4   page 17
Rampe de l'escalier de l'hôtel Sully-Charost, **11, rue du Cherche-Midi, VIe**, 1904-1905
21,8 x 17,4 cm (image et feuille)
Inscriptions. Verso : h. c., *Ancien Hôtel Sully charost / Rue du cherche Midi 11 / 6e*; h. d., *4960*
Série : AP 4960. MH38921N
MC Ph. 7667

ill. 5   page 18
Jardin de l'ancien couvent
des Carmes Déchaux (actuel
Institut catholique de Paris),
70, rue de Vaugirard, VIe, 1914
17,7 x 22,4 cm (image);
18 x 22,4 cm (feuille)
Inscriptions. Recto : tampon MC b. g. sur image. Verso : b. g. *(Carmes)*; h. d., *1586*
Série : T 1586
MC Ph. 3755 (page 42 de l'album
« Vieux Paris pittoresque ou disparu, Parc Delessert »)

ill. 6   page 19
Jardin de l'ancien couvent
des Carmes Déchaux (actuel
Institut catholique de Paris),
70, rue de Vaugirard, VIe, 1914
21,5 x 17,7 cm (image) ;
21,5 x 18,1 cm (feuille)
Inscriptions. Recto : tampon MC b. d. sur image. Verso : h. c. *(Carmes)*; h. d., *1587*
Série : T 1587
MC Ph. 3756 (page 43 de l'album
« Vieux Paris, pittoresque ou disparu, Parc Delessert »)

ill. 13   page 32
Passage des Singes, vers
la rue Vieille-du-Temple, IVe, 1911
21,9 x 17,8 cm (image et feuille)
Inscriptions. Verso : h. c., *Entrée du Passage coté / Rue Vieille du Temple / conduisant à la rue des / Guillemites 6 / (4e arr)*; h. d., *1092*
Série : T 1092. MH38034N
MC Ph. 5914

ill. 14   page 33
Passage des Singes, vers
la rue des Guillemites, IVe, 1911
22 x 17,9 cm (image) ;
22 x 18,1 cm (feuille)
Inscriptions. Verso : h. c., *ancien passage menant / Rue Vieille du Temple / Cote Rue des Guillemites / (4e arr)*; h. d., *1089*
Série : T 1089
MC Ph. 5915

ill. 15   page 36
Marchand de légumes,
passage des Singes, IVe, 1911
21,5 x 17,6 cm (image);
21,5 x 17,8 cm (feuille)
Inscriptions. Verso : h. c., *Passage conduisant à la / rue Vieille du temple / 6 Rue des Guillemites / (4e arr)*; h. d., *5769*
Série : AP 5769
MC Ph. 5916

ill. 16   page 36
Marchand de légumes,
passage des Singes, IVe, 1911
Tirage à l'albumine monté
sur carton gris-bleu ;
22,6 x 17,5 cm (image et feuille) ;
23,8 x 29,7 cm (montage)
Inscriptions. Recto : c., *Boutique Pittoresque dans un passage 6 Rue / des Guillemites - 1911 (4e arr)*; b. g. *Atget.*; tampon VP b. g. sur tirage.
Verso : h. d., *237*
Série : PP 237
BHVP XIV, 315

ill. 17   page 37
Puits du passage des Singes,
IVe, 1911
22,6 x 17,8 cm (image);
22,6 x 18 cm (feuille)
Inscriptions. Verso : h. c., *Ancienne fontaine du Passage / 6 rue des Guillemites / 1911*; h. d., *1091*
Série : T 1091. MH38033N
MC Ph. 4038 (page 43
de l'album « Vieux Paris pittoresque et disparu »)

ill. 18   page 39
Escalier de l'hôtel Dodun,
rez-de-chaussée,
21, rue de Richelieu, Ier, 1904-1905
21,9 x 17,5 cm (image);
21,9 x 17,8 cm (feuille)
Inscriptions. Verso : h. c., *Hotel Dodun Rue / Richelieu 21 / (1er)* ; h. d., *4940*
Série : AP 4940. MH38934N
MC Ph. 5073

ill. 25   page 42
Maison de Balzac,
24, rue Berton, XVIe, 1913
17,6 x 21,2 cm (image);
18,1 x 21,2 cm (feuille)
Inscriptions. Verso : b. g., *Maison de Balzac / 24 Rue Berton / 1840-48 (16e arr)*; h. g., *1406*
Série : T 1406. MH38321N
MC Ph. 8440

ill. 26   page 43
Maison de Balzac,
24, rue Berton, XVIe, mars 1922
17,6 x 22,3 cm (image) ;
18 x 22,4 cm (feuille)
Inscriptions. Verso : h. g., *6318*
Série : AP 6318
MC Ph. 4601 (page 32 de l'album « Vieux Paris, coins pittoresques, vieux Montmartre »)

ill. 27   page 44
Rue Saint-Julien-le-Pauvre,
vers la rue de la Bûcherie
et l'ancienne annexe
de l'Hôtel-Dieu, Ve, août 1899
21,7 x 17,6 cm (image);
21,8 x 17,7 cm (feuille)
Inscriptions. Verso : h. c., *R S¹ Julien le Pauvre*; h.d., *3685 / 3685*
Série : AP 3685. MH38220N
MC Ph. 6897

ill. 28   page 45
Rue Saint-Julien-le-Pauvre,
vers le quai de Montebello
et Notre-Dame, Ve, 1912
21,9 x 17,7 cm (image) ;
21,9 x 18 cm (feuille)
Inscriptions. Verso : h. c., *Rue S¹ Julien le Pauvre / de la rue Galande / (5e arr)*; h. d., *1362*
Série : T 1362. MH38037N
MC Ph. 6905

ill. 29   page 28
Rue Saint-Julien-le-Pauvre,
vers le quai de Montebello
et Notre-Dame, Ve, juin 1923
17,2 x 22,4 cm (image);
17,7 x 22,5 cm (feuille)
Inscriptions. Verso : c. g., *Rue S¹ Julien le Pauvre*; h. g. x *6448*; tampon Atget c. d. ; à côté tampon d., *17 bis*.
Série : AP 6448. MH87007N
MC Ph. 3836 (page 11 de l'album « Vieux Paris, coins pittoresques »)

ill. 7 **page 12**
Berenice Abbott
Portrait d'Eugène Atget, Paris, 1927
Tirage à la gélatine
23 x 20 cm (image et feuille)
Inscriptions. Verso : c.
tampon à l'encre noire
Photograph by Eugène Atget /
Copyright Berenice Abbott /
Reproduction [illis.] et 2 tampons :
PHOTOGRAPH / BY / BERENICE ABBOTT /
50 COMMERCE ST. / NEW YORK 14, N. Y.
Collection privée

ill. 8 **page 30**
Place du Louvre et église
Saint-Germain-l'Auxerrois, Iᵉʳ, 1902
22,1 x 17,8 cm (image et feuille)
Inscriptions. Verso : h. c.,
La Place du Louvre et / Sᵗ Germain
L'auxerrois / 1ᵉ arr.; h. d., *4506*
Série : AP 4506
MC Ph. 5213

ill. 9 **page 30**
Rue des Prêtres-Saint-Germain-
l'Auxerrois, de la place du Louvre,
Iᵉʳ, 1902
21,9 x 17,5 cm (image) ;
21,9 x 17,7 cm (feuille)
Inscriptions. Verso : h. c., *Rue des*
Pretres Sᵗ Germain / L'auxerrois /
1ᵉʳ arr.; h. d., *4507*
Série : AP 4507
MC Ph. 5214

ill. 10 **page 30**
Rue des Prêtres-Saint-Germain-
l'Auxerrois, Iᵉʳ, 1902
17,5 x 21,3 cm (image) ;
17,6 x 21,3 cm (feuille)
Inscriptions. Verso : c. g., *Rue des*
Prêtres Sᵗ Germain / L'auxerrois
(1ᵉʳ arr) ; h. g., *4505*
Série : AP 4505. MH38197N
MC Ph. 5215

ill. 11 **page 31**
6, rue des Guillemites, IVᵉ, 1911
21,8 x 17,7 cm (image) ;
21,8 x 17,8 cm (feuille)
Inscriptions. Verso : h. c., *Maison et*
Entrée du / Curieux passage Rue des /
Guillemites 6 / (4ᵉ arr) ; h. d., *1090*
Série : T 1090. MH38032N
MC Ph. 5912

ill. 12 **page 31**
Entrée du passage des Singes,
6, rue des Guillemites, IVᵉ, 1911
22 x 17,7 cm (image) ;
22 x 17,8 cm (feuille)
Inscriptions. Verso : h. c., *Entrée du*
passage 6 Rue / des Guillemites /
(4ᵉ arr) ; h. d., *1093*
Série : T 1093
MC Ph. 5913

ill. 19 **page 39**
Escalier de l'hôtel Dodun,
bas de la rampe,
21, rue de Richelieu, Iᵉʳ, 1904-1905
22,2 x 17,5 cm (image) ;
22,2 x 17,7 cm (feuille)
Inscriptions. Verso : h. c., *Hôtel Dodun*
– Rue / Richelieu 21 / (1ᵉʳ) ; b. d., *4941*
Série : AP 4941
MC Ph. 5074

ill. 20 **page 39**
Escalier de l'hôtel Dodun,
palier du premier étage,
21, rue de Richelieu, Iᵉʳ, 1904-1905
22 x 17,5 cm (image) ;
22 x 17,5 cm (feuille)
Inscriptions. Verso : h. c., *Hotel*
Dodun Contrôleur / des Finances /
R. Richelieu 21 / (1ᵉʳ) ; h. d., *4946*
Série : AP 4946. MH38920N
MC Ph. 5079

ill. 21 **page 39**
Escalier de l'hôtel Dodun,
palier du premier étage,
21, rue de Richelieu, Iᵉʳ, 1904-1905
21,9 x 17,7 cm (image) ;
21,9 x 17,9 cm (feuille)
Inscriptions. Verso : h. c., *Hotel*
Dodun – Rue / Richelieu 21 – / (1ᵉʳ) ;
h. d., *4943*
Série : AP 4943. MH38936N
MC Ph. 5076

ill. 22 **page 40**
Rampe de l'escalier de l'hôtel Dodun,
21, rue de Richelieu, Iᵉʳ, 1904-1905
17,6 x 22,3 cm (image) ;
17,7 x 22,4 cm (feuille)
Inscriptions. Verso : c. g., *Hotel Dodun*
– Rue / Richelieu 21 / (1ᵉʳ) ; h. g., *4942*
Série : AP 4942. MH38935N
MC Ph. 5075

ill. 23 **page 41**
Escalier de l'hôtel Dodun,
statue de la niche,
21, rue de Richelieu, Iᵉʳ, 1904-1905
21,9 x 17,6 cm (image) ;
21,9 x 17,7 cm (feuille)
Inscriptions. Verso : h. c.,
Hotel Dodun – R Richelieu / 21 –
(Statue par Coustou)/ (1ᵉʳ) ; h. d., *4944*
Série : AP 4944. MH87386N
MC Ph. 5077

ill. 24 **page 41**
Escalier de l'hôtel Dodun,
palier du deuxième étage,
21, rue de Richelieu, Iᵉʳ, 1904-1905
22,1 x 17,5 cm (image) ;
21,1 x 17,6 cm (feuille)
Inscriptions. Verso : h. c.,
Hotel Dodun – R / Richelieu 21 / (1ᵉʳ) ;
h. d., *4945*
Série : AP 4945. MH38937N
MC Ph. 5078

ill. 30 **page 28**
Coin des rues de Seine
et de l'Echaudé, VIᵉ, 1905
21,7 x 17,8 (image et feuille)
Inscriptions. Verso : h. c.,
coin Rue de Seine et / Echaudé
Sᵗ Germain ; h. d., *5063*
Série : AP 5063. MH38851N
MC Ph. 3876 (page 1 de l'album
« Coins du Vieux Paris »)

ill. 31 **page 46**
Coin des rues de Seine
et de l'Echaudé, VIᵉ, 1911
21,7 x 17,8 cm (image) ;
21,7 x 18,2 cm (feuille)
Inscriptions. Verso : h. c.,
coin Rue de Seine et / Echaudé
Sᵗ Germain ; h. d., *5746*
Série : AP 5746. MH39641N
MC Ph. 3924 (page 49 de l'album
« Coins du Vieux Paris »)

ill. 32 **page 46**
Coin des rues de Seine
et de l'Echaudé, VIᵉ, 1911
21,9 x 17,7 cm (image) ;
21,9 x 17,8 cm (feuille)
Inscriptions. Verso : h. c.,
coin Rue de Seine et / Echaudé
Sᵗ Germain ; h. d., *1017*
Série : T 1017
MC Ph. 7391

ill. 33 **page 47**
Coin des rues de Seine
et de l'Echaudé, VIᵉ, mai 1924
Tirage à l'albumine mat non monté
22,3 x 17,4 (image) ;
22,5 x 17,4 (feuille)
Inscriptions. Verso : h. c., *Coin Rue*
de Seine ; h. d., *6486* ; tampon
Atget c.; sous tampon c., *17 bis*
Série : AP 6486
MC Ph. 3868 (page 43 de l'album
« Vieux Paris, coins pittoresques »)

ill. 34 **page 47**
Coin des rues de Seine
et de l'Echaudé, VIᵉ, mai 1924
Tirage à l'albumine mat non monté
22,3 x 17,8 (image) ;
22,7 x 17,8 (feuille)
Inscriptions. Verso : h. c., *Coin Rue*
de Seine ; h. d., *6487* ; tampon
Atget c.; sous tampon c., *17 bis*
Série : AP 6487
MC Ph. 3869 (page 44 de l'album
« Vieux Paris, coins pittoresques »)

1. Hôtel de Beauvais, 68, rue François-Miron, IVe arrondissement, 1900 et 1902

1.1
Façade sur la rue,
porte d'entrée, août 1900
21,8 x 17,6 cm (image);
21,8 x 17,8 cm (feuille)
Inscriptions. Verso: h. d., *4068*
Série: AP 4068. MH37856N
MC Ph. 5977

1.2   page 51
Entrée de l'hôtel, août 1900
21,4 x 17,5 cm (image);
21,4 x 17,8 cm (feuille)
Inscriptions. Verso: h. c.,
*Hotel de Beauvais – / Rue François
Miron (IVe)*; h. d., *4069*
Série: AP 4069. MH37857N
MC Ph. 5978

1.3   page 52
Porte cochère, 1902
22,1 x 17,6 cm (image);
22,1 x 17,9 cm (feuille)
Inscriptions. Verso: h. c.,
*Ancien Hotel de Beauvais / 68 Rue
François Miron / (4e arr)*; h. d., *4521*
Série: AP 4521. MH38166N
MC Ph. 5979

1.4
Détail de la porte cochère, 1902
22 x 17,6 cm (image);
22 x 17,8 cm (feuille)
Inscriptions. Verso: h. c.,
*Ancien Hotel de Beauvais – / 68 Rue
François Miron / (4e arr)*; h. d., *4522*
Série: AP 4522. MH38142N
MC Ph. 5980

1.5   page 53
La cour vue du porche, 1902
21,7 x 17,7 cm (image et feuille)
Inscriptions. Verso: h. c.,
*Hotel de Beauvais 68 / R François
Miron / (4e arr)*; h. d., *4508*
Série: AP 4508. MH38200N
MC Ph. 5984

1.6
Fond de la cour,
remise des carrosses, 1902
17,6 x 21,9 cm (image);
18,3 x 21,9 cm (feuille)
Inscriptions. Verso: c. g.
*Hotel de Beauvais – 68 / R. François
Miron / (4e arr)*; h. g., *4509*
Série: AP 4509. MH88506N
MC Ph. 5985

1.13   page 56
Vestibule du grand escalier, 1902
21,9 x 17,7 cm (image);
21,9 x 18,2 cm (feuille)
Inscriptions. Verso: h. c.,
*Ancien Hotel de Beauvais / 68 Rue
François Miron / (4e arr)*; h. d., *4520*
Série: AP 4520. MH38141N
MC Ph. 5988

1.14   page 56
Début du grand escalier
avec niche, 1902
21,8 x 17,7 cm (image et feuille)
Inscriptions. Verso: h. c.,
*Ancien Hotel de Beauvais / 68 Rue
François Miron / (4e arr)*; h. d., *4519*
Série: AP 4519. MH38211N
MC Ph. 5990

1.15   page 57
Première volée
du grand escalier, 1902
21,3 x 17,8 cm (image);
21,3 x 18,1 cm (feuille)
Inscriptions. Verso: h. c.,
*Ancien Hotel de Beauvais – / 68 Rue
François Miron / (4e arr)*; h. d., *4516*
Série: AP 4516. MH38208N
MC Ph. 5993

1.16
Décor sculpté du haut
du grand escalier, 1902
22 x 17,5 cm (image);
22 x 17,8 cm (feuille)
Inscriptions. Verso: h. c.,
*Ancien Hotel de Beauvais / 68 Rue
François Miron / (4e arr)*; h. d., *4517*
Série: AP 4517. MH38209N
MC Ph. 5991

1.17
Décor sculpté du haut
du grand escalier, 1902
21,6 x 17,7 cm (image);
21,6 x 18 cm (feuille)
Inscriptions. Verso: h. c.,
*Hotel de Beauvais – 68 / Rue François
Miron / 4e arr*; h. d., *4518*
Série: AP 4518. MH38210N
MC Ph. 5992

Hôtel de Beauvais, plan du rez-de-chaussée.

2. Hôtel de Ranes et rue Visconti, VIe arrondissement, 1910

2.1   page 59
Hôtel de Ranes, 21, rue Visconti,
porche d'entrée
Tirage à l'albumine
monté sur carton gris-bleu
22 x 17,5 cm (image et feuille);
29,8 x 23,8 cm (montage)
Inscriptions. Recto: b. c., *Hotel de
Ranes 21 Rue Visconti – 1910 – 6e arr*;
b. d., *Atget*; tampon VP b. d. sur
tirage. Verso: h. d., *[102]5*
Série: T 1025
BHVP XXIV, 184

2.2
Hôtel de Ranes, 21, rue Visconti,
porche, passage vers la cour
Tirage à l'albumine
monté sur carton gris-bleu
21,7 x 17,6 cm (image et feuille);
29,9 x 23,8 cm (montage)
Inscriptions. Recto: b. c., *Hotel de
Ranes 21 Rue Visconti – 1910 – 6e arr*;
b. d., *Atget*; tampon VP b. g. sur
tirage. Verso: h. d., *1028*
Série: T 1028. MH39862N
BHVP XXIV, 185

2.3
Hôtel de Ranes, 21, rue Visconti,
cour, revers de la façade
Tirage à l'albumine
monté sur carton gris-bleu
21,8 x 17,6 cm (image et feuille);
29,9 x 23,8 cm (montage)
Inscriptions. Recto: b. c., *Hotel de
Ranes 21 Rue Visconti – 1910 – 6e arr*;
b. d., *Atget*; tampon VP b. d. sur
tirage. Verso: h. d., *1027*
Série: T 1027. MH39864N
BHVP XXIV, 187

2.4   page 60
Hôtel de Ranes, 21, rue Visconti,
cour, revers de la façade
Tirage à l'albumine
monté sur carton gris-bleu
21,9 x 17,9 cm (image et feuille);
29,9 x 23,8 cm (montage)
Inscriptions. Recto: b. c., *Hotel de
Ranes 21 Rue Visconti – 1910 – 6e arr*;
b. d., *Atget*; tampon VP b. d. sur
tirage. Verso: h. d., *1026*
Série: T 1026. MH39861N
BHVP XXIV, 186

2.5   page 61
Hôtel de Ranes, 21, rue Visconti,
porte d'entrée sur la cour
Tirage à l'albumine
monté sur carton gris-bleu
22 x 16,6 cm (image et feuille);
29,9 x 23,9 cm (montage)
Inscriptions. Recto: b. c., *Hotel de
Ranes 21 Rue Visconti – 1910 – 6e arr*;
b. d., *Atget*; tampon VP b. g. sur
tirage. Verso: h. d., *5748*
Série: AP 5748. MH39643N
BHVP XXIV, 188

2.6
Hôtel situé en face de l'hôtel
de Ranes, 24, rue Visconti
Tirage à l'albumine
monté sur carton gris-bleu
22,2 x 17,5 cm (image et feuille);
29,9 x 23,7 cm (montage)
Inscriptions. Recto: b. c., *Hotel de
Ranes 21 Rue Visconti – 1910 – 6e arr*;
b. d., *Atget*; tampon VP b. d. sur
tirage. Verso: h. d., *1029*
Série: T 1029
BHVP XXIV, 163

1.7 **page 54**
**Cour, entrée de l'escalier
secondaire,** 1902
20,9 x 17,6 cm (image);
20,9 x 17,9 cm (feuille)
Inscriptions. Verso: h. c., *Hotel de
Beauvais – 68 Rue / François Miron /
(4ᵉ ᵃʳʳ)*; h. d., *4511*
Série: AP 4511. MH38203N
MC Ph. 5986

1.8
**Cour, revers du corps de façade
sur rue,** 1902
21,7 x 17,4 cm (image);
21,7 x 17,7 cm (feuille)
Inscriptions. Verso: h. c., *Hotel de
Beauvais – 68 / Rue François Miron /
(4ᵉ ᵃʳʳ)*; h. d., *4510*
Série: AP 4510
MC Ph. 5981

1.9 **page 55**
**Coin de la cour à gauche
du porche,** 1902
21,3 x 17,5 cm (image);
21,3 x 17,9 cm (feuille)
Inscriptions. Verso: h. c.,
*Hotel de Beauvais – 68 / Rue François
Miron (4ᵉ ᵃʳʳ)*; h. d., *4512*
Série: AP 4512. MH38204N
MC Ph. 5983

1.10
Porche, côté cour, 1902
Tirage à l'albumine monté
sur carton gris-bleu
17,4 x 21,1 cm (image et feuille);
23,8 x 29,9 cm (montage)
Inscriptions. Recto: sous tirage b. c.,
*Hotel de Beauvais – 68 R. François
Miron. – 4ᵉ ᵃʳʳ / 1902*; b. d. *Atget.*;
tampon BHVP b. d. sur tirage et
montage. Verso: b. d., *4513*
Série: AP 4513. MH88507N
BHVP XIV, 52

1.11 **page 56**
Vestibule du grand escalier, 1902
Tirage à l'albumine
monté sur carton gris-bleu
22,4 x 17,1 cm (image et feuille);
29,8 x 23,8 cm (montage)
Inscriptions. Recto: sous tirage b. c.,
*Hotel de Beauvais – 68 Rue François
Miron*; b. g., *Atget.*; b. d., 4ᵉ ᵃʳʳ;
tampon BHVP b. c. sur tirage,
Verso: h. d., *4515*
Série: AP 4515. MH38207N
BHVP XIV, 57

1.12 **page 56**
**Vestibule du grand escalier,
premières marches,** 1902
22 x 17,7 cm (image);
22 x 17,9 cm (feuille)
Inscriptions. Verso: h. c.,
*Ancien Hotel de Beauvais / 68 Rue
François Miron / (4ᵉ ᵃʳʳ)*; h. d., *4514*
Série: AP 4514. MH38206N
MC Ph. 5989

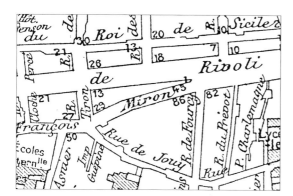

Quartier de l'hôtel de Beauvais.

2.7 **page 62**
24, rue Visconti, vers la rue Bonaparte
Tirage à l'albumine
monté sur carton gris-bleu
22,6 x 17,5 cm (image et feuille);
29,9 x 23,8 cm (montage)
Inscriptions. Recto: b. c., *Un coin de
la rue Visconti au N° 24 – 6ᵉ ᵃʳʳ*; b. d.,
Atget; tampon VP b. d. sur tirage.
Verso: h. d., *1030*
Série: T 1030
BHVP XXIV, 192

2.8 **page 63**
22, rue Visconti, vers la rue de Seine
Tirage à l'albumine
monté sur carton gris-bleu
22 x 17,4 cm (image et feuille);
29,9 x 23,7 cm (montage)
Inscriptions. Recto: b. g., *Hotel
22 Rue Visconti – 1910 – 6ᵉ ᵃʳʳ*;
b. d., *Atget*; tampon VP b. d. sur
tirage. Verso: h. d., *1031*
Série: T 1031
BHVP XXIV, 190

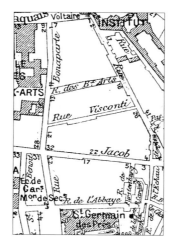

3. Rue du Parc-Royal, rue de Sévigné et rue de Jarente, IIIe et IVe arrondissements, 1911

3.1 **page 65**
Hôtel de Vigny,
10, rue du Parc-Royal, IIIe
21,7 × 17,6 cm (image et feuille)
Inscriptions. Verso : h. c.,
Hotel de Vigny 10 Rue / du Parc Royal
(3e arr) ; h. d., *1138*
Série : T 1138
MC Ph. 5634

3.2 **page 65**
Hôtel Graux Marly,
8, rue du Parc-Royal, IIIe
21,7 × 17,7 cm (image et feuille)
Inscriptions. Verso : h. c.,
Hotel construit par Graux Marly /
8 Rue du Parc Royal (3e arr) ;
h. d., *1139*
Série : T 1139
MC Ph. 5633

3.3 **page 65**
Vieille maison et boutiques,
2, rue du Parc-Royal, IIIe
21,8 × 17,8 cm (image et feuille)
Inscriptions. Verso : h. c.,
Vieille maison 2 Rue du / Parc Royal
(3e arr) ; h. d., *1143*
Série : T 1143
MC Ph. 5628

3.4 **page 66**
Hôtel de Joncquières,
48, rue de Sévigné, IIIe
21,9 × 17,9 cm (image et feuille)
Inscriptions. Verso : h. c., *Hôtel*
48 Rue de Sévigné / (3e arr) ;
h. d., *1140*
Série : T 1140
MC Ph. 6133

3.5 **page 66**
Hôtel de Joncquières,
46, rue de Sévigné, IIIe
21,5 × 17,7 cm (image et feuille)
Inscriptions. Verso : h. c., *Hotel*
46 Rue de Sevigné / (3e arr) ;
h. d., *1141*
Série : T 1141
MC Ph. 6132

3.6 **page 66**
Hôtel, 40, rue de Sévigné, IIIe
Tirage à l'albumine
monté sur carton gris-bleu
21,5 × 17,7 cm (image et feuille) ;
29,7 × 23,7 cm (carton)
Inscriptions. Recto : sous l'image b. c.,
Hôtel 49 40 Rue de Sévigné – 1911 /
(3e arr]) ; b. d., *Atget* ; tampon VP
b. d. sur tirage. Verso : h. d., *1142*
Série : T 1142
BHVP XI, 226

3.13 **page 68**
Rue de Sévigné côté pair,
à l'angle de la rue de Jarente,
vers la rue Saint-Antoine, IVe
21,6 × 17,8 cm (image et feuille)
Inscriptions. Verso : h. c.,
Un coin au 12 de la rue / de Sevigné /
(4e arr) ; h. d., *1150*
Série : T 1150
MC Ph. 6137

3.14 **page 68**
Hôtel, 12, rue de Sévigné, IVe
21,7 × 17,6 cm (image) ;
21,7 × 17,7 cm (feuille)
Inscriptions. Verso : h. c.,
Ancien Hotel 12 Rue de Sévigné /
(4e arr) ; h. d., *1151*
Série : T 1151
MC Ph. 6136

3.15 **page 69**
Façades sud des maisons
de la rue de Jarente,
vers la rue de Turenne, IVe
21,6 × 17,8 cm (image) ;
21,6 × 18 cm (feuille)
Inscriptions. Verso : h. c., *Un coin*
de la rue Jarente / au N° 8
(4e arr) ; h. d., *1154*
Série : T 1154
MC Ph. 6146

3.16 **page 69**
Vieille maison, 6, rue de Jarente, IVe
21,8 × 17,6 cm (image et feuille)
Inscriptions. Verso : h. c.,
Vieille maison 6 Rue / Jarente
(4e arr) ; h. d., *1155*
Série : T 1155
MC Ph. 6145

3.17 **page 69**
4, rue de Jarente, de la rue Caron, IVe
Tirage à l'albumine
monté sur carton gris-bleu
22,2 × 17,8 cm (image et feuille) ;
29,7 × 23,8 cm (carton)
Inscriptions. Recto : sous tirage b. c.,
Vieille maison 4 Rue Jarente – 1911
(4e arr) ; b. d., *Atget* ; tampon VP recto
b. g. sur tirage. Verso : h. d., *1156*
Série : T 1156
BHVP XIV, 335

3.18 **page 69**
Cour, 4, rue de Jarente, IVe
21,8 × 17,9 cm (image et feuille)
Inscriptions. Verso : h. c., *La cour*
du 4 de la rue / Jarente / (4 arr) ;
h. d., *1157*
Série : T 1157
MC Ph. 6144

4. Intersection des rues de l'Abbaye, Cardinale, de l'Echaudé, du passage de la Petite-Boucherie et de la rue Bourbon-le-Château, VIe arrondisse

4.1 **page 70**
Rue de l'Abbaye, vers le passage
de la Petite-Boucherie avec l'angle
de la rue de Furstemberg
21,7 × 17,7 cm (image) ;
21,8 × 17,9 cm (feuille)
Inscriptions. Verso : h. c.,
Coin Rue de L'abbaye et / Passage
de la petite Boucherie / 6e ; h. d., *987*
Série : T 987
MC Ph. 7126

4.2 **page 71**
Epicerie de l'Abbaye, au carrefour
des rues de l'Abbaye, Cardinale,
de l'Echaudé et du passage
de la Petite-Boucherie
21,5 × 17,6 cm (image) ;
21,5 × 17,8 cm (feuille)
Inscriptions. Verso : h. c.,
Vieille maison Coin Rue / Cardinale
et abbaye / 6e ; h. d., *992*
Série : T 992
MC Ph. 7122

4.3 **page 72**
Rue Cardinale
22 × 18 cm (image et feuille)
Inscriptions. Verso : h. c.,
Vieille maison 5 Rue Cardinale / 6e ;
h. d., *991*
Série : T 991
MC Ph. 7124

4.4
Passage de la Petite-Boucherie,
vers la rue Cardinale
21,8 × 17,7 cm (image) ;
21,8 × 17,8 cm (feuille)
Inscriptions. Verso : h. c.,
Vieille maisons – Boutiques / 1 Passage
de la petite Boucherie / 6e ; h. d., *994*
Série : T 994
MC Ph. 7127

4.5
Passage de la Petite-Boucherie,
vers le carrefour des rues de l'Abbaye
et Cardinale
21,7 × 17,6 cm (image) ;
21,7 × 17,9 cm (feuille)
Inscriptions. Verso : h. c.,
Vieille maison Rue de / L'Abbaye 2 Bis –
coin / Rue Cardinale / 6e ; h. d., *993*
Série : T 993
MC Ph. 7121

4.6 **page 73**
Rue Bourbon-le-Château,
vers les rues de l'Echaudé
et Cardinale
21,8 × 17,6 cm (image et feuille)
Inscriptions. Verso : h. c.,
Vue prise de la rue de Buci / 6e ;
h. d., *1000*
Série : T 1000
MC Ph. 7120

3.7 page 66
Porche de l'hôtel,
40, rue de Sévigné, IIIe
21,8 x 17,7 cm (image et feuille)
Inscriptions. Verso : h. c.,
40 Rue de Sévigné (Porte) /
(3e arr) ; h. d., *1144*
Série : T 1144. MH39074N
MC Ph. 6131

3.8 page 67
22-28, rue de Sévigné, IVe
21,1 x 17,9 cm (image et feuille)
Inscriptions. Verso : h. c.,
Ancien Hotel 26 Rue de / Sévigné /
(4e arr) ; h. d., *1145*
Série : T 1145
MC Ph. 6139

3.9
Hôtel, 13, rue de Sévigné, IVe
Tirage à l'albumine
monté sur carton gris-bleu
22,8 x 17,6 cm (image et feuille) ;
29,7 x 23,8 cm (carton)
Inscriptions. Recto : sous tirage b. c.,
Hôtel de Chavigny. 13 Rue de Sevigné /
1911 (4e arr) ; b. d., *Atget* ; tampon
VP b. d. sur tirage. Verso : h. d., *1148*
Série : T 1148
BHVP XIV, 332

3.10
Hôtel de Nicolas Pinon de Quincy,
9, rue de Sévigné, IVe
17,8 x 22,3 cm (image) ;
17,9 x 22,3 cm (feuille)
Inscriptions. Verso : c. g.,
Hotel de Nicolas Pinon / 9 Rue de
Sévigné / (4e arr) ; h. g., *1149*
Série : T 1149
MC Ph. 6140

3.11 page 68
Rue de Jarente,
de la rue de Sévigné, IVe
21,1 x 17,7 cm (image et feuille)
Inscriptions. Verso : h. c., *La rue*
Jarente de la / rue de Sévigné /
(4e arr) ; h. d., *1153*
Série : T 1153
MC Ph. 6142

3.12 page 68
Rue de Sévigné,
du coin de la rue de Jarente
vers l'église Saint-Paul, IVe
21,1 x 17,7 cm (image et feuille)
Inscriptions. Verso : h. c., *Coin de la*
rue de Sévigné / du coin de la rue /
Jarente / (4e arr) ; h. d., *1152*
Série : T 1152
MC Ph. 6141

3.19
Impasse de la Poissonnerie,
de la rue de Jarente, IVe
21,4 x 18,1 cm (image et feuille)
Inscriptions. Verso : h. c., *Impasse*
de la Poissonnerie / (4e arr) ;
h. d., *1158*
Série : T 1158
MC Ph. 6147

3.20
Angle des rues de Turenne
et de Jarente, IVe
21,6 x 17,9 cm (image et feuille)
Inscriptions. Verso : h. c., *Un coin de*
la rue de / Turenne de la rue Necker /
(4e arr) ; h. d., *1159*
Série : T 1159
MC Ph. 6266

4.7 page 74
Epicerie de l'Abbaye, coin des rues
de l'Abbaye et de l'Echaudé
21,7 x 17,5 cm (image) ;
21,7 x 17,8 cm (feuille)
Inscriptions. Verso : h. c., *St Germain*
et abbaye – Vue / prise du 25 de la rue /
de L'Echaudé St Germain / 6e ; h. d., *999*
Série : T 999
MC Ph. 7051

4.8 page 75
Coin des rues de l'Abbaye
et de l'Echaudé
21,7 x 17,8 cm (image) ;
21,7 x 18 cm (feuille)
Inscriptions. Verso : h. c.,
Rue de L'Echaudé St Germain /
de la rue de L'abbaye 6e ; h. d., *998*
Série : T 998
MC Ph. 7052

4.9 page 76
Rue Cardinale, vers le passage
de la Petite-Boucherie à l'angle
de la rue de l'Abbaye
22,1 x 17,8 cm (image et feuille)
Inscriptions. Verso : h. c., *Coin*
de la rue de l'abbaye / et de la petite
Boucherie / 6e ; h. d., *1001*
Série : T 1001
MC Ph. 7125

4.10 page 77
Ancien palais abbatial de Saint-
Germain-des-Prés, 3, rue de l'Abbaye,
vu de l'Epicerie de l'Abbaye
21,8 x 17,8 cm (image et feuille)
Inscriptions. Verso : h. c., *Ancien*
Palais abbatial 3 / Rue de L'abbaye /
Vue prise de la rue Bourbon /
le château 6e ; h. d., *1002*
Série : T 1002
MC Ph. 7119

5. Les quais autour du Pont-Neuf, Ier et VIe arrondissements, 1911-1912

5.1   **page 79**
Pont-Neuf, près de l'écluse
de la Monnaie, VIe, 1911
17,6 x 22 cm (image);
17,9 x 22 cm (feuille)
Inscriptions. Verso: c. d.,
*L'Ecluse de la Monnaie / Pont Neuf /
(6e arr)*; b. d., *255*
Série: PP 255. MH37641N
MC Ph. 6967

5.2   **page 80**
Pont-Neuf, de l'écluse
de la Monnaie, VIe, 1911
21,6 x 17,7 cm (image);
21,6 x 18,1 cm (feuille)
Inscriptions. Verso: h. c.,
*L'Ecluse de la Monnaie – /
Pont Neuf (6e arr)*; h. d., *256*
Série: PP 256. MH37642N
MC Ph. 6968

5.3   **page 81**
Pont-Neuf, des berges
du Vert-Galant vers le quai
de Conti, Ier, 1911
22,2 x 17,5 cm (image et feuille)
Inscriptions. Verso: h. c., *Pont Neuf /
(1er arr)*; h. d., *266*
Série: PP 266. MH87093N
MC Ph. 5353

5.4   **page 82**
Berges du Vert-Galant côté nord,
vers le pont des Arts, Ier, 1911
21,9 x 17,8 cm (image et feuille)
Inscriptions. Verso: h. c., *Terre plein
du Pont / Neuf / (1er arr)*; h. d., *273*
Série: PP 273
MC Ph. 5363

5.5   **page 83**
Berges du Vert-Galant côté nord,
vers le Pont-Neuf, Ier, 1911
21,7 x 17,7 cm (image);
21,7 x 18 cm (feuille)
Inscriptions. Verso: h. c., *Terre plein
du Pont / Neuf / (1er arr)*; h. d., *274*
Série: PP 274
MC Ph. 5362

5.6   **page 84**
Berges du Vert-Galant côté sud,
vers le Pont-Neuf, Ier, 1911
21,8 x 17,8 cm (image et feuille)
Inscriptions. Verso: h. c., *Terre plein
du Pont Neuf / (1er arr)*; h. d., *275*
Série: PP 275. MH37639N
MC Ph. 5359

5.13   **page 91**
Port de la Mégisserie,
vers le pont au Change, Ier, 1911
22,1 x 17,7 cm (image);
22,1 x 17,8 cm (feuille)
Inscriptions. Verso: h. c., *Port de la
Megisserie / (1er arr)*; h. d., *304*
Série: PP 304
MC Ph. 5377

5.14   **page 92**
Port du Louvre,
vers le pont des Arts, Ier, 1911
21,9 x 17,7 cm (image);
21,9 x 17,9 cm (feuille)
Inscriptions. Verso: h. c.,
Port du Louvre / (1er arr); h. d., *312*
Série: PP 312
MC Ph. 5344

5.15   **page 93**
Port du Louvre, près du pont
des Arts, vers le Pont-Neuf, Ier, 1911
21,8 x 17,6 cm (image);
21,8 x 17,8 cm (feuille)
Inscriptions. Verso: h. c.,
Port du Louvre / (1er arr); h. d., *309*
Série: PP 309. MH37811N
MC Ph. 5345

5.16   **page 94**
Port du Louvre,
vers le Pont-Neuf, Ier, 1911
21,7 x 17,4 cm (image);
21,7 x 17,7 cm (feuille)
Inscriptions. Verso: h. c.,
Port du Louvre / (1er arr); h. d., *311*
Série: PP 311
MC Ph. 5346

5.17   **page 95**
Port du Louvre,
vers le Pont-Neuf, Ier, 1911
22 x 17,7 cm (image);
22 x 18 cm (feuille)
Inscriptions. Verso: h. c.,
Port du Louvre / (1er arr); h. d., *310*
Série: PP 310
MC Ph. 5348

5.18   **page 96**
Port du Louvre,
vers le Pont-Neuf, Ier, 1912
22 x 17,7 cm (image);
22 x 18 cm (feuille)
Inscriptions. Verso: h. c.,
Port du Louvre / (1er arr); h. d., *326*
Série: PP 326
MC Ph. 5349

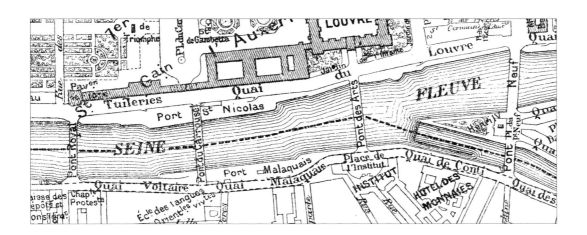

5.7   page 85
Près de l'entrée du jardin
du Vert-Galant, vers le quai
de Conti, Iᵉʳ, 1911
21,9 x 17,7 cm (image);
21,9 x 18,1 cm (feuille)
Inscriptions. Verso: h. c., *Terre plein
du Pont / Neuf / (1ᵉ arr)*; h. d., *1146*
Série: T 1146
MC Ph. 5361

5.8   page 86
Berges du Vert-Galant côté sud,
vers le Pont-Neuf, Iᵉʳ, 1911
22,2 x 17,8 cm (image et feuille)
Inscriptions. Verso: h. c., *Le Pont
Neuf – les quais / (1ᵉ arr)*; h. d., *280*
Série: PP 280. MH37700N
MC Ph. 5355

5.9   page 87
Berges du Vert-Galant côté sud,
vers le pont des Arts, Iᵉʳ, 1911
17,8 x 22 cm (image);
17,8 x 22,1 cm (feuille)
Inscriptions. Verso: c. g., *Les quais
au Pont / Neuf (1ᵉ arr)*; h. g., *281*
Série: PP 281. MH37817N
MC Ph. 5354

5.10   page 88
Sous le Pont-Neuf,
côté nord des berges du Vert Galant,
vers le pont des Arts, Iᵉʳ, 1911
18,1 x 21,7 cm (image et feuille)
Inscriptions. Verso: c. g.,
*Vue prise sous le / Pont Neuf /
(1ᵉ arr)*; verso h. g., *282*
Série: PP 282. MH87086N
MC Ph. 5357

5.11   page 89
Sous le Pont-Neuf,
côté quai de l'Horloge,
vers le pont au Change, Iᵉʳ, 1911
17,9 x 22,4 cm (image et feuille)
Inscriptions. Verso: c. g., *Vue prise
sous le / Pont Neuf / (1ᵉ arr)*; h. g., *283*
Série: PP 283. MH37818N
MC Ph. 5358

5.12   page 90
Port de la Mégisserie,
vers le Pont-Neuf, Iᵉʳ, 1911
22,4 x 17,7 cm (image);
22,4 x 18 cm (feuille)
Inscriptions. Verso: h. c., *Port de
la Megisserie / (1ᵉ arr)*; h. d., *303*
Série: PP 303. MH87091N
MC Ph. 5374

5.19   page 96
Port du Louvre, vers le pont
des Arts, Iᵉʳ, 1912
22 x 17,7 cm (image et feuille)
Inscriptions. Verso: h. c.,
*Port du Louvre au / Pont Neuf /
(1ᵉ arr)*; h. d., *327*
Série: PP 327
MC Ph. 5350

5.20   page 96
Port du Louvre, près du Pont-Neuf,
vers le quai de la Mégisserie, Iᵉʳ, 1912
22,9 x 17,7 cm (image);
22,9 x 17,9 cm (feuille)
Inscriptions. Verso: h. c., *Port du
Louvre / Pont Neuf / (1ᵉ arr)*; h. d., *325*
Série: PP 325. MH87090N
MC Ph. 5351

5.21   page 96
Port du Louvre, près du Pont-Neuf,
vers le pont des Arts, Iᵉʳ, 1912
22,3 x 17,7 cm (image);
22,3 x 18,2 cm (feuille)
Inscription. Verso: h. c.,
Port du Louvre / (1ᵉ arr); h. d., *328*
Série: PP 328
MC Ph. 5347

5.22   page 97
Port de la Mégisserie,
vers le pont au Change, Iᵉʳ, 1912
22,5 x 17,6 cm (image);
22,5 x 18 cm (feuille)
Inscriptions. Verso: h. c., *Port
de la Megisserie / (1ᵉ arr)*; h. d., *329*
Série: PP 329. MH37703N
MC Ph. 5376

5.23   page 98
Port de la Mégisserie,
vers le Pont-Neuf, Iᵉʳ, 1912
17,7 x 21,8 cm (image);
18 x 21,8 cm (feuille)
Inscriptions. Verso: c. g., *Port
de la Megisserie / (1ᵉ arr)*; h. g., *331*
Série: PP 331. MH87087N
MC Ph. 5378

5.24   page 99
Port de la Mégisserie,
vers le pont au Change, Iᵉʳ, 1912
22,1 x 17,7 cm (image);
22,1 x 18 cm (feuille)
Inscriptions. Verso: h. c., *Port
de la Megisserie / (1ᵉ arr)*; h. d., *330*
Série: PP 330
MC Ph. 5375

6. Place Bernard-Halpern (nom actuel), Vᵉ arrondissement, 1898-1924

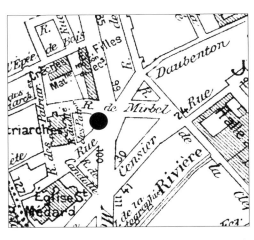

6.1 page 101
Place Bernard-Halpern,
vers la rue Daubenton
et l'église Saint-Médard, mai 1898
21,1 x 17,3 cm (image) ;
21,4 x 17,3 cm (feuille)
Inscriptions. Verso : h. g.,
Sᵗ Medard ; h. d., 3043
Série : PP 3043. MH38477N
MC Ph. 6703

6.2 page 102
Place Bernard-Halpern,
vers la rue Daubenton
et l'église Saint-Médard, 1923
Tirage au gélatino-chlorure non monté
22,5 x 17,7 cm (image) ;
22,9 x 17,9 cm (feuille)
Inscriptions. Verso : h. c., Coin de la rue /
Daubanton ; h. d., 6437 ; tampon Atget b. c.
Série : AP 6437
MC Ph. 3826 (page 1 de l'album
« Vieux Paris, coins pittoresques »)

6.3 page 102
Place Bernard-Halpern,
vers la rue Daubenton et l'église
Saint-Médard, 1923
Tirage à l'albumine mat non monté
21,8 x 17,6 cm (image) ;
22,1 x 18,1 cm (feuille)
Inscriptions. Verso : h. c.,
Coin Rue Daubanton ; h. d., 6438
Série : AP 6438. MH87316N
MC Ph. 3827 (page 2 de l'album
« Vieux Paris, coins pittoresques »)

6.4 page 103
Place Bernard-Halpern,
vers la rue Daubenton
et l'église Saint-Médard, 1924
Tirage à l'albumine mat non monté
21,9 x 17,5 cm (image) ;
22,4 x 17,7 cm (feuille)
Inscriptions. Recto : tampon BN
b. c. sur tirage ; à l'encre sur tirage
b. d., A8996. Verso : h. g., Sᵗ Médard ;
h. d., 6501
Série : AP 6501. MH87031N
BN T040391

Sur ce plan datant de 1900, la place Bernard-Halpern est indiquée par un point noir.

7. Eglise Saint-Séverin, Vᵉ arrondissement, 1898-1923

I. Premières vues de Saint-Séverin et des environs, 1898-1903 (7.1 à 7.20)

7.1 page 107
Rue des Prêtres-Saint-Séverin,
vers l'église, 1898
21,8 x 17,5 cm (image) ;
21,8 x 17,8 cm (feuille)
Inscriptions. Verso : h. g.,
au crayon bleu h. d., 3037
Série : PP 3037. MH38449N
MC Ph. 6828

7.2 page 108
Rue Saint-Séverin, de la rue
Saint-Jacques vers l'église, 1898
21 x 17,5 cm (image) ;
22,2 x 17,6 cm (feuille)
Inscriptions. Verso : h. g., Vᵉ ;
h. c., Rue Sᵗ Séverin ; h. d., 3038
Série : PP 3038. MH38367N
MC Ph. 6818

7.3
Façade principale de l'église sur la
rue des Prêtres-Saint-Séverin, 1898
21,7 x 17,5 cm (image) ;
22,6 x 17,8 cm (feuille)
Inscriptions. Verso : h. g., Sᵗ Séverin ;
h. d., 3040
Série : PP 3040. MH38368N
MC Ph. 6829

7.4
Boutique, rue Saint-Jacques,
contre l'abside de l'église, 1898
21,4 x 17,6 cm (image) ;
22,2 x 17,8 cm (feuille)
Inscriptions. Verso : h. c., Sᵗ Séverin ;
h. d., 3041
Série : PP 3041
MC Ph. 6859

7.5 page 109
Portail principal de l'église,
rue des Prêtres-Saint-Séverin, 1898
21,3 x 17,4 cm (image) ;
21,7 x 17,4 cm (feuille)
Inscriptions. Verso : h. g., Sᵗ Séverin ;
h. d., 3569
Série : AP 3569
MC Ph. 6830

7.6 page 110
Rue de la Parcheminerie,
vers la rue Saint-Jacques, 1899
21,8 x 17,7 cm (image) ;
21,8 x 17,8 cm (feuille)
Inscriptions. Verso : h. g., Vᵉ ;
h. c., R de la Parcheminerie ; h. d., 3602
Série : AP 3602
MC Ph. 6809

7.13 page 114
Rue des Prêtres-Saint-Séverin,
vers la rue Boutebrie
et le musée de Cluny, 1899
21,5 x 17,5 cm (image et feuille)
Inscriptions. Verso : h. c., R Boutebrie ;
h. d., 3684
Série : PP 3684. MH38219N
MC Ph. 6814

7.14 page 115
Rue Saint-Jacques,
murs d'immeubles occultant
l'abside de l'église, août 1899
22,5 x 17,8 cm (image) ;
22,6 x 18,4 cm (feuille)
Inscriptions. Verso : h. c., Sᵗ Séverin ;
h. d., 3689
Série : AP 3689. MH38236N
MC Ph. 6858

7.15 page 116
Rue Saint-Jacques, de la rue Galande
vers l'église, 1899 ou 1900
21,4 x 17,6 cm (image) ;
22,2 x 17,8 cm (feuille)
Inscriptions. Verso : c. d., Sᵗ Séverin ;
b. d., 3727
Série : AP 3727. MH38225N
MC Ph. 6857

7.16 page 117
Rue Saint-Jacques
après la démolition des boutiques
contre l'abside de l'église, 1902
17,7 x 22 cm (image) ;
17,8 x 22 (feuille)
Inscriptions. Verso : c. g., Sᵗ Severin
en 1902. Rue / Sᵗ Jacques – après le /
Dégagement de L'Eglise / 5ᵉ arr) /
(Voir la 1ʳᵉ série) ; h. g., 4529
Série : AP 4529. MH38112N
MC Ph. 6862

7.17
Rue Saint-Jacques vers les quais
avec, sur la gauche, la rue
de la Parcheminerie, 1903
17,8 x 21,9 cm (image) ;
17,9 x 21,9 cm (feuille)
Inscriptions. Verso : c. g., La Rue
Sᵗ Jacques entre / le Bd Sᵗ Germain
et la / Rue du petit pont /
(va disparaitre) / (5ᵉ) ; h. g., 4789
Série : AP 4789
MC Ph. 6365

7.18 page 111
Rue de la Parcheminerie,
de la rue Saint-Jacques, 1903
22 x 17,4 cm (image et feuille)
Inscriptions. Verso : h. c., Rue
de la Parcheminerie / Vue prise
de la Sᵗ Jacques / (5ᵉ) ;
verso h. d., 4790
Série : AP 4790
MC Ph. 6812

7.7 **page 112**
Impasse Salembrière,
de la rue Saint-Séverin, 1899
21,6 x 17,7 cm (image) ;
21,9 x 17,9 cm (feuille)
Inscriptions. Verso : h. g., *V*ᵉ ;
h. c., *Cul de sac de la Salambière* ;
h. d., *3603*
Série : AP 3603. MH38429N
MC Ph. 6863

7.8
Jardin du presbytère, avec le côté sud
de l'église, mai 1899
17,7 x 22,2 cm (image) ;
17,8 x 22,2 cm (feuille)
Inscriptions. Verso : b. g., *V*ᵉ ;
c. g., *Sᵗ Séverin* ; h. g., *3617*
Série : AP 3617. MH38489N
MC Ph. 6851

7.9
Jardin du presbytère, mai 1899
21,1 x 17,6 cm (image) ;
22,1 x 17,7 cm (feuille)
Inscriptions. Verso : h. d., *3616*
Série : AP 3616. MH38488N
MC Ph. 6852

7.10
Jardin du presbytère, vue latérale
du côté sud de l'église, mai, 1899
21,8 x 17,7 cm (image) ;
22,1 x 17,9 cm (feuille)
Inscriptions. Verso : h. d., *3618*
Série : AP 3618
MC Ph. 6849

7.11 **page 113**
Rue des Prêtres-Saint-Séverin,
vers l'église, 1899
21,3 x 17 cm (image) ;
21,3 x 17,4 cm (feuille)
Inscriptions. Verso : h. d., *3663*
Série : AP 3663. MH38254N
MC Ph. 6817

7.12
Façade Louis XV,
29, rue de la Parcheminerie, 1899
21,3 x 17,4 cm (image) ;
21,5 x 17,4 cm (feuille)
Inscriptions. Verso : h. c., *R de la*
Parcheminerie ; h. d., *3675*
Série : AP3675. MH38263N
MC Ph. 6810

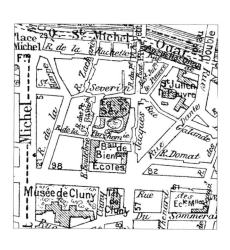

7.19
Vieille grille dans une cour,
rue de la Parcheminerie, 1903
17,5 x 22,1 cm (image et feuille)
Inscriptions. Verso : c. g.,
Grille d'une vieille maison Rue /
*de la parcheminerie / (V*ᵉ*)* ; h. g., *4791*
Série : AP 4791. MH39040N
MC Ph. 6792

7.20
Vieille cour avec grille,
rue de la Parcheminerie, 1903
17,6 x 21,9 cm (image) ;
17,9 x 21,9 cm (feuille)
Inscriptions. Verso : c. g., *Cour et Grille*
d'une Vieille / maison R de la
*parcheminerie 2 / (5*ᵉ*)* ; h. g., *4792*
Série : AP 4792. MH39041N
MC Ph. 6813

Plan du quartier Saint-Séverin en 1900

191

II. Documents sur l'intérieur, le toit, le cloître et le bâtiment appelé « ancien charnier » de l'église Saint-Séverin, 1903 (7.21 à 7.41)

7.21 page 119
Nef de l'église, vers le chœur, 1903
Tirage à l'albumine
monté sur carton gris-bleu
22,6 x 17,5 cm (image et feuille);
30 x 24 cm (carton)
Inscriptions. Recto : sous tirage,
b. c., *Eglise St Séverin 1903 – 5e ^{arr}*;
b. d., *Atget*; tampon VP b. d. sur
tirage. Verso : h. d., *4801*
Série : AP 4801. MH39054N
MC Ph. 13368

7.22 page 120
Bas-côté gauche de l'église,
vers le déambulatoire, 1903
Tirage à l'albumine
monté sur carton gris-bleu
22,3 x 17,4 cm (image et feuille);
30 x 24 cm (carton)
Inscriptions. Recto : sous tirage,
b. c., *Eglise St Séverin – 1903 – 5e ^{arr}*;
b. d., *Atget*; tampon VP b. d. sur
tirage. Verso : h. d., *4795*
Série : AP 4795. MH39048N
MC Ph. 13371

7.23 page 121
Bas-côté gauche de l'église,
vers le déambulatoire, 1903
Tirage à l'albumine
monté sur carton gris-bleu
17,6 x 22,1 cm (image et feuille);
24 x 30 cm (carton)
Inscriptions. Recto : sous tirage,
b. c., *Eglise St Séverin – 1903 – 5e ^{arr}*;
b. d., *Atget*; tampon VP b. d. sur
tirage. Verso : b. d., *4796*
Série : AP 4796. MH39049N
MC Ph. 13372

7.24 page 122
Bas-côté gauche de l'église,
vers le déambulatoire, 1903
Tirage à l'albumine
monté sur carton gris-bleu
17,8 x 22,1 cm (image et feuille);
24 x 30 cm (carton)
Inscriptions. Recto : sous tirage,
b. c., *Eglise St Séverin – 1903 – 5e ^{arr}*;
b. d., *Atget*; tampon VP b. d. sur
tirage. Verso : b. d., *4797*
Série : AP 4797
MC Ph. 13373

7.25 page 123
Déambulatoire de l'église, 1903
Tirage à l'albumine
monté sur carton gris-bleu
17,5 x 22,1 cm (image et feuille);
24 x 30 cm (carton)
Inscriptions. Recto : sous tirage,
b. c., *Eglise St Séverin – 1903 – 5e ^{arr}*;
b. d., *Atget*; tampon VP b. c. sur
tirage. Verso : h. d., *4798*
Série : AP 4798
MC Ph. 13374

7.26 page 124
Déambulatoire de l'église, 1903
Tirage à l'albumine
monté sur carton gris-bleu
22,5 x 17,7 cm (image et feuille);
30 x 24 cm (carton)
Inscriptions. Recto : sous tirage,
b. c., *Eglise St Séverin – 1903 – 5e ^{arr}*;
b. d., *Atget*; tampon VP b. g. sur
tirage. Verso : h. d., *4799*
Série : AP 4799. MH39052N
MC Ph. 13375

7.33 page 131
Toits des chapelles rayonnantes et
maisons de la rue Saint-Jacques, 1903
Tirage à l'albumine
monté sur carton gris-bleu
17,5 x 22,3 cm (image et feuille);
24 x 30 cm (carton)
Inscriptions. Recto : sous tirage,
c. g., *St Séverin – Vue prise sur les toits
– 1903 – 5e ^{arr}*; b. d., *Atget*; tampon VP
b. d. sur tirage. Verso : h. g., *4815*
Série : AP 4815. MH39584N
MC Ph. 4116

7.34 page 131
Jardin du presbytère et
côté sud de l'église, 1903
17,6 x 21,5 cm (image);
17,9 x 21,5 cm (feuille)
Inscriptions. Verso : c. g., *Eglise
St Séverin / (Presbytere) / (5e)*;
h. g., *4806*
Série : AP 4806. MH39043N
MC Ph. 6846

7.35 page 132
Jardin du presbytère
et côté sud de l'église, 1903
17,5 x 21,9 cm (image);
17,6 x 21,9 cm (feuille)
Inscriptions. Verso : c. g., *Eglise
St Séverin / (5e)*; h. g., *4805*
Série : AP 4805. MH39042N
MC Ph. 6850

7.36 page 133
Jardin du presbytère,
ancien cloître de l'église, 1903
17,6 x 21,7 cm (image);
17,8 x 21,7 cm (feuille)
Inscriptions. Verso : c. g., *Petit
batiment dans lequel / se trouve le
cloitre ancien charnier / de St Séverin
et qui Va disparaitre / (5e)*; h. g., *4804*
Série : AP 4804
MC Ph. 6853

7.37 page 135
Jardin du presbytère, ancien cloître,
entrée de l'« ancien charnier », 1903
Tirage à l'albumine
monté sur carton gris-bleu
22,6 x 17,5 cm (image et feuille);
29,4 x 24 cm (carton)
Inscriptions. Recto : sous tirage b. c.,
*Entree du batiment dans lequel se
trouve l'ancien charnier / de St Séverin
et suite du cloitre dans le jardin du
presbytere / 1903*; b. d., *Atget*; tampon
VP b. g. sur tirage. Verso : b. g., *4803*
Série : AP 4803. MH39045N
MC Ph. 19550

7.38
Intérieur de l'« ancien charnier »
de l'église, 1903
Tirage à l'albumine
monté sur carton gris-bleu
17,5 x 22,5 cm (image et feuille);
24 x 30 cm (carton)
Inscriptions. Recto : sous tirage,
b. c., *Eglise St Séverin – Ancien charnier
– en 1903 –*; b. d., *Atget*; tampon VP
b. d. sur tirage. Verso : b. d., *4808*
Série : AP 4808. MH39596N
MC Ph. 13376

III. Documents sur l'église Saint-Séverin et les rues voisines, 1905-1906 (7.42 à 7.49)

7.42 page 137
Impasse Salembrière, 1905-1906
21,8 x 17,7 cm (image);
21,8 x 17,9 cm (feuille)
Inscriptions. Verso : h. c., *Impasse
Salambière Rue / St Severin / (Va
Disparaitre) (5e)*; verso : h. d., *5175*
Série : AP 5175. MH39542N
MC Ph. 6864

7.43 page 138
Entrée de l'église rue Saint-Séverin,
à l'angle de la rue des Prêtres-Saint-
Séverin, vers la rue Saint-Jacques,
1905-1906
21,6 x 17,6 cm (image);
21,6 x 17,7 cm (feuille)
Inscriptions. Verso : h. c.,
Rue St Severin / (5e); h. d., *5178*
Série : AP 5178. MH39545N
MC Ph. 6827

7.44 page 138
Portail Saint-Martin, à l'angle
de la rue des Prêtres-Saint-Séverin
et de la rue Saint-Séverin, 1905-1906
21,8 x 17,6 cm (image);
21,8 x 18 cm (feuille)
Inscriptions. Verso : h. c.,
Porte St Severin / (5e); h. d., *5176*
Série : AP 5176. MH39543N
MC Ph. 6831

7.45
Portail Saint-Martin,
détail, 1905-1906
21,8 x 17,6 cm (image);
21,8 x 18 cm (feuille)
Inscriptions. Verso : h. c.,
St Severin / (5e); h. d., *5177*
Série : AP 5177. MH39544N
MC Ph. 6832

7.46 page 139
Cour du presbytère de l'église,
1905-1906
22 x 17,7 cm (image);
22 x 17,9 cm (feuille)
Inscriptions. Verso : h. c.,
Presbytere St Séverin / (5e); h. d., *5179*
Série : AP 5179. MH39546N
MC Ph. 6848

7.47 page 139
Cour du presbytère de l'église,
1905-1906
21,7 x 17,6 cm (image);
21,7 x 17,7 cm (feuille)
Inscriptions. Verso : h. c.,
Presbytère St Severin / (5e); h. d., *5180*
Série : AP 5180. MH39550N
MC Ph. 6847

7.27 page 124
**Déambulatoire et
bas-côté droit de l'église,** 1903
Tirage à l'albumine
monté sur carton gris-bleu
22,3 x 17,4 cm (image et feuille);
30 x 24 cm (carton)
Inscriptions. Recto: sous tirage,
b. c., *Eglise S* Séverin – 1903;
b. d., *Atget*; tampon VP b. c. sur
tirage. Verso: h. d., *4800*
Série: AP 4800. MH39053N
MC Ph. 13370

7.28 page 125
**Nef de l'église, du chœur
vers le grand orgue,** 1903
Tirage à l'albumine
monté sur carton gris-bleu
22,6 x 17,6 cm (image et feuille);
30 x 24 cm (carton)
Inscriptions. Recto: sous tirage,
b. c., *Intérieur S* Séverin – 1903 – 5* arr*;
b. d., *Atget*; tampon VP b. c. sur
tirage. Recto: h. d., *4807*
Série: AP 4807. MH39047N
MC Ph. 13369

7.29 page 127
Arcs-boutants, côté nord de l'église,
1903
Tirage à l'albumine
monté sur carton gris-bleu
22,2 x 17,7 cm (image et feuille);
30 x 24 cm (carton)
Inscriptions. Recto: sous tirage,
b. c., *Eglise S* Séverin – Vue prise sur les
toits – 1903*; b. d., *Atget*; tampon VP
b. d. sur tirage. Verso: h. d., *4809*
Série: AP 4809. MH39580N
MC Ph. 13359

7.30 page 128
**Arcs-boutants,
niveau supérieur de l'église,** 1903
22 x 17,3 cm (image);
22 x 17,4 cm (feuille)
Inscriptions. Verso: h. c., *S* Séverin –
Vue prise sur / les toits – (5*)*; h. d., *4812*
Série: AP 4812. MH39578N
MC Ph. 6844

7.31 page 129
**Arc-boutant au-dessus
du déambulatoire,** 1903
Tirage à l'albumine
monté sur carton gris-bleu
22,5 x 17,5 cm (image et feuille);
30 x 24 cm (carton)
Inscriptions. Recto: sous tirage,
b. c., *Eglise S* Séverin – Vue prise sur les
toits – 1903 / 5* arr*; sous tirage, b. d.,
Atget; tampon VP b. g. sur tirage.
Verso: h. d., *4810*
Série: AP 4810. MH39581N
MC Ph. 13360

7.32 page 130
**Arcs-boutants au-dessus de l'abside
de l'église,** 1903
Tirage à l'albumine
monté sur carton gris-bleu
17,4 x 22,6 cm (image et feuille);
24 x 30 cm (carton)
Inscriptions. Recto: sous tirage,
c. g., *Eglise S* Séverin – Vue prise
sur les toits – 1903 – 5* arr*; b. d., *Atget*;
tampon VP b. d. sur tirage.
Série: AP 4811. MH39579N
MC Ph. 13362

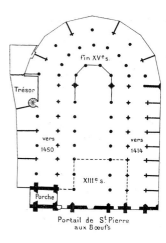

7.39
**Intérieur de l'« ancien charnier »
de l'église,** 1903
Tirage à l'albumine
monté sur carton gris-bleu
22,2 x 17,5 cm (image et feuille);
30 x 24 cm (carton)
Inscriptions. Recto: sous tirage,
b. c., *S* Séverin – Ancien charnier –
1903 –*; b. d., *Atget*; tampon VP
b. d. sur tirage. Verso: h. d., *4802*
Série: AP 4802. MH39046N
MC Ph. 13377

7.40
**Rue Saint-Jacques après
la démolition des boutiques
contre l'abside de l'église,
vers les quais,** 1903
17,4 x 21,8 cm (image);
17,5 x 21,8 cm (feuille)
Inscriptions. Verso: c. g.,
S Séverin – Carrefour des /
rues S* Severin S* Jacques /
et Galande / (5*)*; h. g., *4813*
Série: AP 4813. MH39582N
MC Ph. 6860

7.41
**Rue Saint-Séverin à l'angle
de la rue des Prêtres-Saint-Séverin,
vers la rue Saint-Jacques,** 1903
Tirage à l'albumine
monté sur carton gris-bleu
22,1 x 17,4 cm (image et feuille);
30 x 26 cm (carton)
Inscriptions. Recto: sous tirage,
b. c., *Un Coin Rue St Severin – 5* arr –
1903*; b. d., *Atget*; tampon VP c. sur
tirage. Verso: h. d., *4814*
Série: AP 4814. MH39583N
MC Ph. 13356

Plan de l'église Saint-Séverin

7.48
Rampe du buffet d'orgue, 1905-1906
17,7 x 22 cm (image);
17,8 x 22 cm (feuille)
Inscriptions. Verso: c. g., *S* Séverin
Grille / (5*)*; h. g., *5181*
Série: AP 5181. MH39551N
MC Ph. 6833

7.49
**Vieille porte, 22, rue de la
Parcheminerie,** 1905-1906
21,6 x 17,6 cm (image);
21,6 x 18,1 cm (feuille)
Inscriptions. Verso: h. c.,
*Porte 22 Rue de la / Parcheminerie /
va disparaître (5*)*; h. d., *5190*
Série: AP 5190. MH39478N
MC Ph. 6811

IV. Elargissement de la rue Saint-Jacques, 1908 (7.50 à 7.53)

7.50
Angle des rues de la Parcheminerie et Saint-Jacques après la démolition des maisons longeant le cloître de l'église, février 1908
17,7 x 22,2 cm (image et feuille)
Inscriptions : c. g., *Eglise S¹ Séverin après la démolition cote / Rue de la Parcheminerie / (1908)*; h. d., *1360*.
Série : T 248. MH37648N
MC Ph. 3663 (page 10 de l'album « Vieux Paris, coins pittoresques et disparus – 1907-1908-1909 »)

7.51 **page 141**
Rue Saint-Jacques après la démolition des maisons longeant le cloître de l'église, la rue Galande, février 1908
17,6 x 22 cm (image);
17,7 x 22 cm (feuille)
Inscriptions. Verso : c. g., *Rue S¹ Jacques apres La / demolition – Vue prise du coin / de la rue de la Parcheminerie / (5ᵉ)*; h. d., *249*.
Série : T 249. : MH37649N
MC Ph. 6791

7.52 **page 142**
Rue Saint-Jacques après la démolition des maisons longeant le cloître de l'église, de la rue Galande, février 1908
17,7 x 20,9 cm (image);
17,8 x 22 cm (feuille)
Inscriptions. Verso : c. d., *S¹ Séverin et Rue S¹ Jacques / Vue prise de la Rue Galande / (5ᵉ)*; b. d., *250*.
Série : T 250. MH37643N
MC Ph. 6861

7.53 **page 143**
Rue du Petit-Pont après la démolition des maisons, de la rue Galande, février 1908
17,7 x 21,9 cm (image et feuille)
Inscriptions. Verso : c. g., *Rue du Petit Pont après la démolition. – Vue prise coin Rue / Galande / (5ᵉ)*; h. g., *251*.
Série : T 251. MH37644N
MC Ph. 6868

V. Documents sur la rue des Prêtres-Saint-Séverin, 1912 (7.54 à 7.65)

7.54 **page 144**
Rue de la Parcheminerie, vers la rue de la Harpe, 1912
22 x 17,6 cm (image et feuille)
Inscriptions. Verso : h. c., *Coin de la rue de la Parcheminerie / de la rue Boutebrie à partir du / N° 23*; h. d., *1360*.
Série : T 1360. MH38332N
MC Ph. 6815

7.55 **page 145**
Ancienne entrée du presbytère de l'église, 12, rue de la Parcheminerie, 1912
22,1 x 17,8 cm (image);
22,1 x 17,9 cm (feuille)
Inscriptions. Verso : h. c., *ancienne entrée du Presbytère / S¹ Séverin, 12 Rue de la / Parcheminerie / (5ᵉ ᵃʳ)*; h. d., *1361*.
Série : T 1361. MH38331N
MC Ph. 6795

7.56
Rue Boutebrie, vers l'angle des rues de la Parcheminerie et des Prêtres-Saint-Séverin, 1912
22 x 17,7 cm (image);
22 x 17,9 cm (feuille)
Inscriptions. Verso : h. c., *Coin Rue de la / Parcheminerie / et Boutebrie / Va Disparaitre*; h. d., *1380*.
Série : T 1380. MH38081N
MC Ph. 6794

7.57 **page 146**
Rue de la Parcheminerie, vers la rue Saint-Jacques, 1912
21,9 x 17,7 cm (image);
21,9 x 18 cm (feuille)
Inscriptions. Verso : h. c., *Rue de la Parcheminerie / (5ᵉ ᵃʳ)*; h. d., *1376*.
Série : T 1376. MH38329N
MC Ph. 6793

7.58
Rue des Prêtres-Saint-Séverin, vers l'église, 1912
22,1 x 17,6 cm (image);
22,1 x 17,8 cm (feuille)
Inscriptions. Verso : h. c., *Rue des Prêtres S¹ / Severin / (5ᵉ ᵃʳ)*; h. d., *1372*.
Série : T 1372. MH38279N
MC Ph. 6819

7.59 **page 147**
Rue des Prêtres-Saint-Séverin, vieille maison du n° 3 et presbytère, 1912
21,9 x 17,7 cm (image);
21,9 x 17,9 cm (feuille)
Inscriptions. Verso : h. c., *Vieille maison, donnant sur / le Presbytere et / 3 Rue de Prêtres / S¹ Severin / (5ᵉ ᵃʳ)*; h. d., *1369*.
Série : T 1369. MH38274N
MC Ph. 6822

VI. Documents sur l'élargissement de la rue des Prêtres-Saint-Séverin et de la rue de la Parcheminerie, mars 1913-août 1914 (7.66 à 7.89)

7.66
Cour, 34, rue Saint-Séverin, 1913
22 x 17,6 cm (image);
22 x 17,8 cm (feuille)
Inscriptions. Verso : h. c., *Vieille cour 34 Rue / S¹ Severin (5ᵉ ᵃʳ)*; h. d., *1418*.
Série : T 1418. MH87532N
MC Ph. 6825

7.67 **page 154**
Carrefour des rues Boutebrie, de la Parcheminerie et des Prêtres-Saint-Séverin, 15 mars 1913
22,5 x 17,7 cm (image);
22,5 x 18 cm (feuille)
Inscriptions. Verso : h. c., *Un coin de la rue de la / Parcheminerie et des Prêtres / S¹ Severin 15 Mars 1913 / (5ᵉ ᵃʳ)*; h. d., *1424*.
Série : T 1424. MH38306N
MC Ph. 6804

7.68
Carrefour des rues Boutebrie, de la Parcheminerie et des Prêtres-Saint-Séverin, vers l'église, 15 mars 1913
17,7 x 22,2 cm (image);
17,9 x 22,2 cm (feuille)
Inscriptions. Verso : c. g., *Un coin de la / rue de la Parcheminerie / Mars 1913 / (5ᵉ ᵃʳ)*; h. g., *1425*.
Série : T 1425. MH38307N
MC Ph. 6805

7.69 **page 155**
Chantier de démolition rue de la Parcheminerie, vers la rue Saint-Jacques, 15 mars 1913
17,5 x 22,2 cm (image);
17,7 x 22,2 cm (feuille)
Inscriptions. Verso : c. g., *La rue de la Parcheminerie / apres sa demolition. Vue / prise de la rue de la Boutebrie / 15 Mars 1913 / (5ᵉ ᵃʳ)*; h. g., *1423*.
Série : T 1423. MH38305N
MC Ph. 6800

7.70 **page 156**
Démolitions le long de la rue de la Parcheminerie, vers la rue des Prêtres-Saint-Séverin, 15 mars 1913
17,7 x 22,7 cm (image);
18,3 x 22,7 cm (feuille)
Inscriptions. Verso : c. g., *La rue de la Parcheminerie / après sa demolition / 15 Mars 1913 / (5ᵉ ᵃʳ)*; h. g., *1422*.
Série : T 1422. MH38304N
MC Ph. 6801

7.71 **page 157**
Démolitions rue de la Parcheminerie, de la rue Saint-Jacques vers la rue des Prêtres-Saint-Séverin, 15 mars 1913
17,8 x 21,2 cm (image);
18 x 21,2 cm (feuille)
Inscriptions. Verso : c. g., *Rue de la Parcheminerie / Mars 1913 / apres la demolition 15 Mars 1913 / (5ᵉ ᵃʳ)*; h. d., *1420*.
Série : T 1420. MH38301N
MC Ph. 6802

7.60 **page 148**
Rue des Prêtres-Saint-Séverin, vers l'église, et mur du presbytère, 1912
22,2 x 17,7 cm (image);
22,2 x 17,8 cm (feuille)
Inscriptions. Verso : h. c., *Un coin de la rue des / Prêtres St Severin / Vue prise du mur du / Presbytere / (5e arr)*; h. d., *1370*
Série : T 1370. MH38278N
MC Ph. 6820

7.61 **page 149**
Rue des Prêtres-Saint-Séverin, vers l'église, 1912
21,9 x 17,7 cm (image);
21,9 x 17,9 cm (feuille)
Inscriptions. Verso : h. c., *Rue des Prêtres St / Severin / (5e arr)*; h. d., *1371*
Série : T 1371
MC Ph. 6823

7.62 **page 150**
Rue des Prêtres-Saint-Séverin, vers la rue Boutebrie, 1912
21,9 x 17,6 cm (image);
21,9 x 17,8 cm (feuille)
Inscriptions. Verso : h. c., *La Maison, 3 Rue des Prêtres / St Severin donnant sur le / Jardin du Presbytere St Severin / (5e arr)*
h. d., *1374.*
Série : T 1374. MH38281N
MC Ph. 6826

7.63 **page 150**
Rue des Prêtres-Saint-Séverin, vers la rue Boutebrie, 1912
22 x 17,7 cm (image);
22 x 18,2 cm (feuille)
Inscriptions. Verso : h. c., *La rue des Prêtres St / Severin, au fond les maisons / de la rue de Boutebrie / (5e arr)* h. d., *1373.*
Série : T 1373. MH38280N
MC Ph. 6824

7.64 **page 151**
Rue Boutebrie, de l'angle des rues de la Parcheminerie et des Prêtres-Saint-Séverin vers le musée de Cluny, 1912
21,8 x 17,6 cm (image);
21,8 x 17,7 cm (feuille)
Inscriptions. Verso : h. c., *Les maisons de la Boutebrie / (N° pairs) Vue de la rue des / Prêtres / St Séverin / (5e arr)*
h. d., *1375.*
Série : T 1375. MH38080N
MC Ph. 6816

7.65 **page 151**
Nouvelles boutiques appelées à disparaître le long de la rue Saint-Jacques, 1912
22,1 x 17,7 cm (image);
22,1 x 17,9 cm (feuille)
Inscriptions. Verso : h. c., *Coin Rue de St Severin / Rue St Jacques / Va disparaitre (5e)*; h. d., *1379*
Série : T 1379. MH38326N
MC Ph. 6821

7.72 **page 153**
Démolitions rue de la Parcheminerie, 15 mars 1913
17,8 x 22,5 cm (image et feuille)
Inscriptions. Verso : c. g., *La Rue de la Parcheminerie / Mars 1913 / (5e arr)*; h. g., *1421*
Série : T 1421
MC Ph. 6803

7.73 **page 158**
Démolitions rue de la Parcheminerie, près de l'ancienne entrée du presbytère de l'église, 15 mars 1913
17,7 x 22,2 cm (image);
17,8 x 22,2 cm (feuille)
Inscriptions. Verso : c. g., *Un coin de la rue de / la Parcheminerie / Mars 1913 / (5e arr)*; h. g., *1426*
Série : T 1426. MH38308N
MC Ph. 6806

7.74 **page 159**
Démolitions rue de la Parcheminerie, 15 mars 1913
21,9 x 17,9 cm (image);
22 x 18,1 cm (feuille)
Inscriptions. Verso : h. g., *La rue de la Parcheminerie / 15 Mars 1913*; h. d., *1427*
Série : T 1427. MH38320N
MC Ph. 11087 (page 8 de l'album « Coins du Vieux Paris pittoresques et disparus »)

7.75 **page 160**
Démolitions rue des Prêtres-Saint-Séverin, vers l'église, 8 avril 1913
22 x 17,6 cm (image);
22 x 18,1 cm (feuille)
Inscriptions. Verso : h. c., *Coin de la rue de la / Parcheminerie le 8 avril / 1913 / (5e arr)*; h. d., *1435.*
Série : T 1435. MH38155N
MC Ph. 6799

7.76 **page 160**
Chantier de démolition rue de la Parcheminerie, le long de la rue des Prêtres-Saint-Séverin, 8 avril 1913
22,5 x 17,5 cm (image);
22,5 x 17,6 cm (feuille)
Inscriptions. Verso : h. c., *Un coin de la rue de la / Parcheminerie le / 8 avril 1913 (5e arr)*; h. d., *1434.*
Série : T 1434
MC Ph. 6798

7.77 **page 161**
Carrefour des rues Boutebrie et des Prêtres-Saint-Séverin, vers le presbytère et l'église, 15 août 1913
17,6 x 21,7 cm (image et feuille)
Inscriptions. Verso : c. g., *Le coin de la rue de la / Parcheminerie le 15 aout / 1913 après sa demolition / (5e)*;
h. g., *1483*
Série : T 1483. MH38132N
MC Ph. 6797

VI. Suite des documents sur l'élargissement de la rue des Prêtres-Saint-Séverin et de la rue de la Parcheminerie (7.66 à 7.89)

7.78 page 162
Chantier de démolition rue
de la Parcheminerie, le long de la rue
des Prêtres-Saint-Séverin, vers le
presbytère et l'église, 15 août 1913
21,5 x 17,6 cm (image) ;
21,5 x 18 cm (feuille)
Inscriptions. Verso : h. c., *Le coin
de la rue [des Prêtres-] St Severin /
et de la rue de la Parcheminerie /
le 15 aout 1913 / (5e ar^t)* ; h. d., *1481*
Série : T 1481. MH38133N
MC Ph. 6808

7.79 page 163
Chantier de démolition rue de la
Parcheminerie, le long de la rue des
Prêtres-Saint-Séverin, vers la rue
Saint-Jacques, 15 août 1913
22,7 x 17,7 cm (image et feuille)
Inscriptions. Verso : h. c., *Une épave
de la rue de / la Parcheminerie après /
la demolition le 15 aout / 1913 /
(5e ar^t)* ; h. d., *1482*
Série : T 1482. MH38346N
MC Ph. 6796

7.80 page 165
Démolitions rue Saint-Jacques, à
l'angle de la rue de la Parcheminerie,
vers l'église, août 1914
Tirage au gélatino-chlorure non monté
17,6 x 22,4 cm (image) ;
18 x 22,4 cm (feuille)
Inscriptions. Recto : tampon BN
b. c. sur tirage. Verso : c. g., *Eglise
St Séverin / en Aout 1914* ; h. g., *1640*
Série : T 1640. MH38585N
BN T42416

7.81 page 166
Chantier après la démolition
des maisons de la rue de la
Parcheminerie, vers la rue des
Prêtres-Saint-Séverin, août 1914
Tirage au gélatino-chlorure non monté
17,4 x 22,2 cm (image) ;
18,1 x 22,2 cm (feuille)
Inscriptions. Recto : tampon BN b. c.
sur tirage. Verso : c. g., *Les Maisons de
la rue des / Pretres St Séverin, Vue /
de la rue de la Parcheminerie* ; h. g., *1639*
Série : T 1639. MH38591N
BN T42415
(repr. CNMHS)

7.82 page 167
Démolitions rue des Prêtres-
Saint-Séverin, face au presbytère
de l'église, août 1914
Tirage au gélatino-chlorure non monté
17,7 x 22,1 cm (image) ;
18,1 x 22,5 cm (feuille)
Inscriptions. Recto : tampon BN
b. c. sur tirage. Verso : c. g., *Un coin
de la rue des / Prêtres St Séverin /
autrefois 4, 6, 8* ; h. g., *1638*
Série : T 1638. MH38580N
BN T42414
(repr. CNMHS)

7.83 page 168
Démolitions au carrefour des
rues Boutebrie, de la Parcheminerie
et des Prêtres-Saint-Séverin, vers
le presbytère et l'église, août 1914
Tirage au gélatino-chlorure non monté
18 x 24,4 cm (image et feuille)
Inscriptions. Recto : tampon BN
b. c. sur tirage. Verso : c. g., *La rue
des Pretres / St Séverin de la rue /
de la Parcheminerie* ; h. g., *1634*
Série : T 1634. MH38582N
BN T42410

VII. Vues tardives, 1920-1923 (7.90 à 7.96)

7.90
Bénitier, intérieur de l'église,
près du portail Saint-Martin, 1920
23,7 x 17,9 cm (négatif)
Série : AP 6201
APMAP MH87332N
(repr. CNMHS)

7.91
Bénitier, intérieur de l'église,
près du portail Saint-Martin, 1920
23,7 x 17,9 cm (négatif)
Série : AP 6202
APMAP MH87333N
(repr. CNMHS)

7.92 page 173
Rue Boutebrie, de l'angle
des rues de la Parcheminerie et
des Prêtres-Saint-Séverin
vers le musée de Cluny, mars 1922
17,5 x 21,7 cm (image) ;
18 x 21,7 cm (feuille)
Inscriptions. Verso : h. g., *6321*
Série : AP 6321
MC Ph. 4602 (page 33 de l'album
« Vieux Paris, coins pittoresques,
Vieux Montmartre »)

7.93 page 174
Démolition de la maison à l'angle
des rues de la Parcheminerie et
des Prêtres-Saint-Séverin, 1922
21,7 x 17,7 cm (image) ;
22,8 x 18 cm (feuille)
Inscriptions. Verso : h. c., *Cour
Rue Parcheminerie / et Boutebrie* ;
h. d., *6371*
Série : AP 6371. MH87286N
MC Ph. 3781 (page 8 de l'album
« Vieux Paris, coins pittoresques »)

7.94 page 175
Eglise et rue Saint-Séverin, à l'angle
de la rue des Prêtres-Saint-Séverin,
vers la rue Saint-Jacques, juin 1923
Tirage à l'albumine mat non monté
22,3 x 17,6 cm (image) ;
22,4 x 17,9 cm (feuille)
Inscriptions. Verso : h. g., *Rue
St Severin* ; h. d., *6446* ; tampon Atget
b. c. ; à droite du tampon, *17 bis*
Série : AP 6446. MH87035N
MC Ph. 3834 (page 9 de l'album
« Vieux Paris, coins pittoresques »)

7.95 page 176
Angle des rues Saint-Jacques et
Saint-Séverin, de la rue Galande
vers l'église, juin 1923
Tirage à l'albumine mat non monté
17,6 x 22,4 cm (image) ;
17,9 x 22,4 cm (feuille)
Inscriptions. Verso : c. g., *St Severin* ;
h. g., *6451* ; tampon Atget b. c. ;
sous tampon, *17 bis*
Série : AP 6451. MH87032N
MC Ph. 3837 (page 12 de l'album
« Vieux Paris, coins pittoresques »)

7.84 page 169
Démolitions rue de la Parcheminerie,
vers la rue Saint-Jacques, août 1914
Tirage au gélatino-chlorure non monté
17,6 x 22,5 cm (image et feuille)
Inscriptions. Recto : tampon BN
b. c. sur tirage. Verso : c. g.,
Ancienne rue de la / Parcheminerie,
après la démolition / de la rue des
Prêtres St Séverin / Aout 1914
(5ᵉ arr) ; c. d., *Ancienne rue de la*
Parcheminerie ; h. g., *1635*
Série : T 1635. MH38583N
BN T42411

7.85
Démolition rue des Prêtres-Saint-
Séverin, face au presbytère de
l'église, août 1914
Tirage au gélatino-chlorure non monté
17,9 x 22 cm (image) ;
18,0 x 22 cm (feuille)
Inscriptions. Recto : tampon BN
b. c. sur tirage. Verso : c. g.,
Un coin
de la rue des Prêtres / St Severin,
autrefois, 6, 8, 10 ; h. g., *1636*
Série : T 1636. MH38587N
BN T42412
(repr. CNMHS)

7.86
Démolitions rue de la Parcheminerie,
vers la rue Saint-Jacques, août 1914
Tirage au gélatino-chlorure non monté
17,6 x 22,4 cm (image et feuille)
Inscriptions. Recto : tampon BN
b. c. sur tirage. Verso : c. g.,
Un coin de la rue de / la Parcheminerie
après / La démolition / Aout 1914
(5ᵉ arr) ; h. g., *1637*
Série : T 1637. MH38592N
BN T42413
(repr. CNMHS)

7.87
Démolitions à l'angle des rues Saint-
Jacques et Saint-Séverin, de la rue
Galande vers l'église, août 1914
Tirage au gélatino-chlorure non monté
17,6 x 22,6 cm (image) ;
18 x 22,6 cm (feuille)
Inscriptions. Recto : tampon BN
b. c. sur tirage. Verso : c. g., *St Séverin,*
après la / demolition des Vieilles /
maisons (Aout 1914) ; h. g., *1641*
Série : T 1641. MH38586N
BN T42417

7.88 page 170
Démolitions rue de la Parcheminerie,
vers la rue des Prêtres-Saint-Séverin,
août 1914
Tirage au gélatino-chlorure non monté
17,7 x 22,4 cm (image et feuille)
Inscriptions. Recto : tampon BN
b. c. sur tirage. Verso : c. g., *Ce qui*
reste de la rue / de la Parcheminerie /
en Aout 1914 ; h. g., *1642*
Série : T 1642. MH38584N
BN T42418
(repr. CNMHS)

7.89 page 171
Chantier de démolition rue
de la Parcheminerie, le long
de la rue Saint-Jacques, août 1914
Tirage au gélatino-chlorure non monté
17,6 x 22,2 cm (image et feuille)
Inscriptions. Recto : tampon BN
b. c. sur tirage. Verso : c. g., *Le chœur*
de L'Eglise Sᵗ / Severin en Aout 1914 ;
h. g., *1643*
Série : T 1643. MH38581N
BN T42419
(repr. CNMHS)

 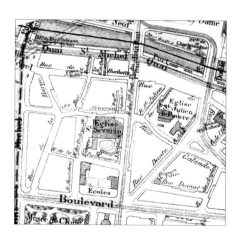

7.96 page 177
Rue des Prêtres-Saint-Séverin,
vers le presbytère et l'église, juin 1923
Tirage à l'albumine mat non monté
17,5 x 23 cm (image et feuille)
Inscriptions. Verso : b. g., *Rue des*
Pretres Sᵗ Severin ; h. g., *6447* ;
tampon Atget c. ; sous tampon, *17 bis*
Série : AP 6447. MH87034N
MC Ph. 3835 (page 10 de l'album
« Vieux Paris, coins pittoresques »)

Le quartier Saint-Séverin en 1920.

Bibliographie

ABBOTT Berenice, « Eugène Atget », *Creative Art*, vol. 5, n° 3, 1929, p. 651-656.

ABBOTT Berenice, «Eugène Atget », *The Complete Photographer*, vol. 6, n° 6, 1941, p. 335-339.

ABBOTT Berenice, *The World of Atget*, New York, Horizon, 1964 ; rééd., New York, Paragon Books, 1979.

BEAUMONT-MAILLET Laure, *Atget Paris*, Paris, Hazan, 1992.

BERGDOLL Barry, « Une question de temps : architectes et photographes pendant le second Empire », dans *Edouard Baldus, photographe*, Paris, Réunion des musées nationaux, 1995, p. 99-119.

BORCOMAN James, *Eugène Atget, 1857-1927*, Ottawa, National Gallery of Canada, musée national des Beaux-Arts, 1984.

BUISINE Alain, *Eugène Atget ou la mélancolie en photographie*, Nîmes, Editions Jacqueline Chambon, 1994.

Catalogue de photographies anciennes : Fonds Atget, Hauts-de-Seine, département des Hauts-de-Seine, Centre de documentation du musée de l'Ile-de-France, château de Sceaux, 1991.

« Colloque Atget », hors série de *Photographies* consacré aux actes du colloque Atget au Collège de France, 14-15 juin 1985, Paris, Association française pour la diffusion du patrimoine photographique, mars 1986.

FRASER John, « Atget and the City », *Cambridge Quarterly* 3, 1968, p. 199-233.

HILLAIRET JACQUES, *Dictionnaire historique des rues de Paris*, 2 vol., Paris, Les Editions de Minuit, 8e édition, 1985.

KELLER Ulrich, « The Twilight of the Masterpiece : Photography's Problematic Adaptation to the Art Space », *CMP Bulletin* 6, n° 1, 1987, p. 2-12.

KOZLOFF Max, « Abandoned and Seductive : Atget's streets », dans *The Privilege Eye*, Albuquerque, University of New Mexico Press, 1987, p. 279-304.

KRAUSS Rosalind, « Photography's Discursive Spaces : Landscape/View », *Art Journal* 41, 1982, p. 311-319.

LE GALL Guillaume, *Atget, Paris pittoresque*, Paris, Hazan, 1998.

LEROY Jean, « Qui étiez-vous, Eugène Atget ? », *Camera*, vol. 41, n° 12, 1962, p. 6-8.

LEROY Jean, *Atget, magicien du Vieux Paris en son époque*, Joinville-le-Pont, Pierre Jean Balbo, 1975 ; 2e édition, Paris, Paris Audiovisuel, 1992.

MAC ORLAN Pierre, *Atget, photographe de Paris*, Paris, Henri Jonquières, 1930 ; New York, E. Weyhe, 1930.

MICHAELS Barbara, « An Introduction to the Dating and Organization of Eugène Atget's Photographs », *Art Bulletin*, vol. 61, n° 3, 1979, p. 460-468.

MORRIS [HAMBOURG] Maria, « Eugène Atget, 1857-1927 : The Structure of the Work », thèse de doctorat, New York, Columbia University, 1980.

MORRIS HAMBOURG Maria, « Atget, Precursor of Modern Documentary Photography », dans « Observations : Essays on Documentary Photography », numéro spécial de *Untitled*, n° 35, sous la direction de David Featherstone, Carmel, The Friends of Photography, 1984, p. 24-39.

MORRIS HAMBOURG Maria, « L'homme et l'évolution de l'œuvre », dans «Colloque Atget », hors série de *Photographies*, mars 1986, p. 10-19.

MORRIS HAMBOURG Maria et THÉZY Marie de, *Charles Marville, Photographs of Paris, 1852-1878*, catalogue d'exposition, New York, Alliance française, 1981.

NESBIT Margaret [Molly], « Atget's Book, *L'Art dans le vieux Paris* : Tradition and the Individual Photographic Talent », mémoire de maîtrise, New Haven, Yale University, 1976.

NESBIT Margaret [Molly], « Atget's Seven Albums, in Practice », thèse de doctorat, New Haven, Yale University, 1983.

NESBIT Molly, « La seconde nature d'Atget », dans « Colloque Atget », hors série de *Photographies*, mars 1986, p. 20-29.

NESBIT Molly, «The Use of History», *Art in America*, vol. 74, n° 2, 1986, p. 72-83.

NESBIT Molly, *Atget's Seven Albums*, New Haven et Londres, Yale University Press, 1992.

NESBIT Molly, «Eugène Atget, le photographe et l'histoire », dans *Nouvelle Histoire de la photographie*, sous la direction de Michel Frizot, Paris, Adam Biro et Bordas, 1994, p. 398-409.

NESBIT Margaret [Molly] et REYNAUD Françoise, *Eugène Atget 1857-1927. Intérieurs parisiens*, catalogue d'exposition en partie bilingue, Paris, musée Carnavalet / Mois de la Photo, 1982 ; rééd. *Intérieurs parisiens : un album du musée Carnavalet*, Paris, Paris-Musées / Editions Carré, 1992.

PUTTNIES Hans Georg, *Atget*, Cologne, Galerie Rudolf Kicken, 1980.

REILLY James, *The Albumen & Salted Paper Book : The History and Practice of Photographic Printing, 1840-1895*, Rochester, Light Impressions, 1980, p. 70-74.

REYNAUD Françoise, *Eugène Atget*, Paris, Centre national de la Photographie, Photo-Poche n° 16, 1984.

REYNAUD Françoise et GROSSIORD Sophie, *Atget, Géniaux, Vert. Petits métiers et types parisiens vers 1900*, catalogue d'exposition, Paris, musée Carnavalet / Mois de la Photo, 1984.

REYNAUD Françoise, « Richesses des collections publiques françaises », dans « Colloque Atget », hors série de *Photographies*, mars 1986, p. 93-99.

REYNAUD Françoise, *Les voitures d'Atget au musée Carnavalet*, Paris, Paris-Musées / Editions Carré, 1991.

ROCHEGUDE Félix, marquis de, *Guide pratique à travers le Vieux Paris : maisons historiques ou curieuses, anciens hôtels, pouvant être visités en trente-trois itinéraires détaillés*, Paris, Hachette, 1903.

Sutcliffe Anthony, *The Autumn of Central Paris: the Defeat of Town Planning, 1850-1970*, Londres, Edward Arnold, 1970, p. 179-212.

Szarkowski, John, « Atget's Trees », dans *One Hundred Years of Photographic History : Essays in Honor of Beaumont Newhall*, édité par Van Deren Coke, Albuquerque, University of New Mexico, 1975, p. 161-168.

Szarkowski John et **Morris Hambourg** Maria, *The Work of Atget*, t. I, *Old France*, 1981 ; t. II, *The Art of Old Paris*, 1982 ; t. III, *The Ancien Regime*, 1983 ; t. IV, *Modern Times*, 1985, New York, The Museum of Modern Art.

Thézy Marie de, « Marville et la naissance du Paris d'Haussmann », dans « Colloque Atget », hors série de *Photographies*, mars 1986, p. 46-51.

Thézy Marie de, *Marville Paris*, Paris, Hazan, 1994.

Trottenberg Arthur D., *A Vision of Paris : The Photographs of Eugène Atget, the Words of Marcel Proust*, New York, Macmillan, 1963 ; édition française : *Paris du temps perdu : photographies d'Eugène Atget*, textes de Marcel Proust, Lausanne, Edita, Bibliothèque des Arts, Paris, 1963.

Plans

Hôtel de Beauvais, plan du rez-de-chaussée (p. 184)
d'après la gravure de J. Marot (seconde moitié du XVIIe siècle)
publié dans J.F. Blondel, *l'Architecture française* (1752-1756).

Rue Visconti (p. 185)
Carrefour des rues Cardinale et de l'Abbaye (p. 187)
Martin, Alexis, *Les étapes d'un touriste en France, Paris promenades dans les vingt arrondissements, sixième arrondissement*, Paris, A. Hennuyer éditeur, 1900.

Rue François-Miron (p. 185)
Rues du Parc-Royal, de Sévigné, de Turenne et de Jarente (p. 187)
Martin, Alexis, *Les étapes d'un touriste en France, Paris promenades dans les vingt arrondissements, quatrième arrondissement*, Paris, A. Hennuyer éditeur, 1900.

Quais de la Seine (p. 188)
Martin, Alexis, *Les étapes d'un touriste en France, Paris promenades dans les vingt arrondissements, premier arrondissement*, Paris, A. Hennuyer éditeur, 1900.

Place Bernard-Halpern (p. 190)
Martin, Alexis, *Les étapes d'un touriste en France, Paris promenades dans les vingt arrondissements, cinquième arrondissement*, Paris, A. Hennuyer éditeur, 1900.

Quartier de l'église Saint-Séverin en 1900 (p. 191)
Martin, Alexis, *Les étapes d'un touriste en France, Paris promenades dans les vingt arrondissements, cinquième arrondissement*, Paris, A. Hennuyer éditeur, 1900.

Plan de l'intérieur de l'église Saint-Séverin (p. 193)
Marquis de Rochegude et Maurice Dumolin, *Guide pratique à travers le Vieux Paris*, Librairie ancienne Edouard Champion, Paris, s.d.

Quartier de l'église Saint-Séverin en 1920 (p. 197)
d'après l'« Atlas Municipal des vingt arrondissements de la Ville de Paris. Edition révisée en 1919 par les Soins de M. J.-M. Petit, Géomètre en chef avec le concours des géomètres du Plan de Paris, sous l'administration de M. A. Autrand, Préfet de la Seine, de la direction de M. Malherbe, directeur général des travaux de Paris et du département de la Seine, M. P. Doumerc, directeur de l'extension de Paris, M. L. Bonnier, inspecteur général des services techniques d'architecture et d'esthétique de la Préfecture de la Seine », 1920.

Crédits photographiques

**Archives photographiques de la direction
du Patrimoine au fort de Saint-Cyr**
Eugène Atget © Arch. phot. / CNMHS, Paris
Catalogue : 7.90, 7.91

Bibliothèque historique de la Ville de Paris
© Reproduction : Centre de restauration
et de conservation des photographies
de la Ville de Paris (CRCP),
photos Daniel Lifermann : p. 56 h. g., 59-63,
66 b. g., 69 b. g. / catalogue : 1.10, 2.2, 2.3,
2.6, 3.9, 7.85, 7.86, 7.88

Bibliothèque nationale de France
© Bibliothèque nationale de France
p. 103, 165, 168, 169 / catalogue : 7.87

Caisse nationale des monuments historiques et des sites
Eugène Atget © Arch. phot. / CNMHS, Paris
p. 166, 167, 170, 171 / catalogue : 7.85, 7.86

Collection privée
© Paris-Musées, photo Karin Maucotel : p. 12

Musée Carnavalet
© Photothèque des musées de la Ville de Paris,
photos Irène Andréani, Rémi Briant, Lyliane Degrâces,
Philippe Joffre, Philippe Ladet, Daniel Lifermann
et Patrick Pierrain : p. 12, 14-19, 28, 30-34, 37, 39-47
et couverture, 51-55, 56 h. dr. et b., 57, 65, 66 h. et b. dr.,
67, 68, 69 h. et b. dr., 70-77, 79-99, 101, 102, 107-117,
119-125, 127-133, 135, 137-151, 153-163, 173-177 /
catalogue : 1.1, 1.4, 1.6, 1.8, 1.16, 1.17, 3.10, 3.19, 3.20, 4.4,
4.5, 7.3, 7. 4, 7.8, 7.9, 7.10, 7.12, 7.17, 7.19, 7.20, 7.34, 7.38,
7.39, 7.40, 7.41, 7.45, 7.48, 7.49, 7.50, 7.56, 7.58, 7.66, 7.68
© Reproduction : Centre de restauration et de conservation
des photographies de la Ville de Paris (CRCP),
photo 4ᵉ de couverture : Daniel Lifermann

Légendes
Une de couverture (ill. 33 p. 47)
Coin des rues de Seine et de l'Echaudé, VIᵉ arrondissement,
mai 1924

Traduction :
Jeanne Bouniort (p. 14-47),
Dennis Collins (p. 48-197)

Secrétariat de rédaction :
Alice Barzilay

Conception graphique :
Atalante / Paris

Suivi éditorial :
Sandrine Bailly, Florence Jakubowicz

Fabrication :
Sabine Brismontier, Catherine Ojalvo
assistées de Vincent Benzi

**Cet ouvrage est composé en FR Transition et TheSans
Photogravure et impression :** Prodima, Espagne
Papier : Magnomatt, 150 g

© Paris-Musées, 1999
Editions des musées de la Ville de Paris
28, rue Notre-Dame-des-Victoires – 75002 Paris

**© Caisse nationale des monuments historiques
et des sites / Editions du patrimoine, Paris, 1999**
62, rue Saint-Antoine – 75186 Paris Cedex 04

**Diffusion Actes Sud
Distribution UD-Union Distribution
F7 5846**

ISBN (Paris-Musées) : 2-87900-435-7
ISBN (Editions du Patrimoine) : 2-85822-311-4
Dépôt légal : octobre 1999

Achevé d'imprimer sur les presses de l'imprimerie Prodima,
Espagne, en septembre 1999.

4ᵉ de couverture (ill. 2 p. 15)
Boutique Empire, 21, rue du Faubourg-Saint-Honoré,
VIIIᵉ arrondissement, 1902 (détail avec le reflet d'Atget)